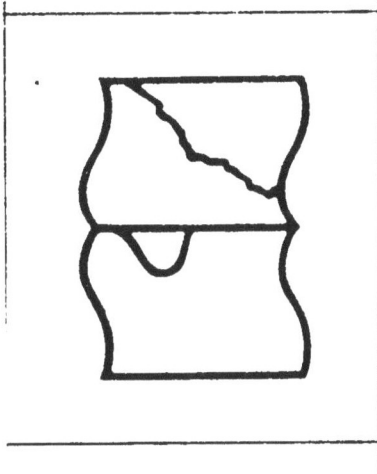

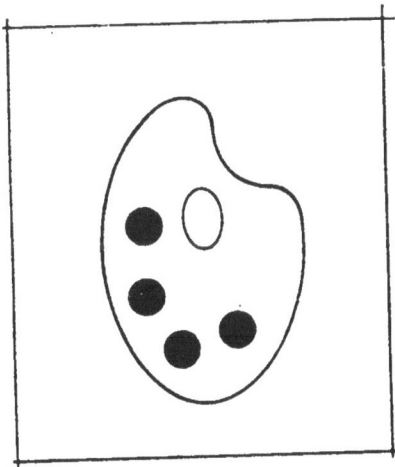

LIBRAIRIE THÉATRALE

1894

THÉATRE DE GUIGNOL

IMPRIMERIE GÉNÉRALE DE CHATILLON-SUR-SEINE. — PICHAT ET PÉPIN.

FÉRNAND BEISSIER

THÉATRE

DE

GUIGNOL

PARIS

LIBRAIRIE THEATRALE

14, RUE DE GRAMMONT, 14

1894

GUIGNOL AU PUBLIC

O petits garçons, ô petites filles !
Pour vous, on me fait aujourd'hui sortir
D'un vieux carton vert, où sous des quadrilles
Aux flons flons naïfs, je semblais dormir.

Pour tous vos aînés vidant ma musette,
J'avais épuisé mes coups de bâton,
J'avais fait la paix — même avec Rosette —
Je croyais finie — ici — ma chanson.

1

J'avais remisé jusqu'à la potence
Où pendait encor, la fourche à la main,
Le grand diable noir qui, chaque séance,
A me rôtir vif s'escrimait en vain.

Et le cœur encor rempli de leur rire
De leur longue joie et de leur merci,
— Comme un vieil acteur, qui, las, se retire, —
Je me croyais mort.
                    Mais me revoici!

Car Guignol, Pierrot et Polichinelle
— Chacun à son tour doit les applaudir.
Ils sont à tous trois la joie éternelle,
Ils sont la chanson du gai souvenir;

C'est le rire vrai qui par eux s'évoque.
Désir des petits — regret des aînés,
Rien qu'en secouant leur maigre défroque
Ils sèment pour tous leurs saines gaîtés.

Et trempant leur plume aux vieux écritoires,
Trouvant rien de mieux qu'un coup de bâton,
Ils vont vous servir leurs mêmes histoires.
Pourquoi rien changer quand le rire est bon?

Vous allez les voir donc tous apparaître,
Tous gais et pimpants dans leurs vieux habits.
La mère Michel crie à sa fenêtre.
Le juge est tout prêt. Le gendarme est gris.

Donc ouvrez très grands vos yeux, vos oreilles,
Et ne craignez pas de nous courroucer.
Riez votre saoul. — Voici les merveilles.
Le rideau se lève. On va commencer !

GUIGNOL & LA CABARETIÈRE

Pour Henri Focillon.

GUIGNOL & LA CABARETIÈRE

—

PERSONNAGES :

**GUIGNOL. — LE GENDARME. — LA CABARETIÈRE. —
LE JUGE.**

—

**La grande place du village. — A droite, le cabaret, la prison
au fond. — A gauche, des arbres.**

SCÈNE PREMIÈRE.

GUIGNOL, LA CABARETIÈRE.

GUIGNOL., *entre.*

J'ai soif... Il fait une chaleur terrible aujourd'hui! (*Il va à la porte du cabaret et frappe.*) Oh! là.

LA CABARETIÈRE.

Tiens, c'est vous, monsieur Cuignol?

GUIGNOL.

Eh! oui,... c'est moi, mère Michel. Ça va bien ce matin?

LA CABARETIÈRE.

Mais pas mal... je vous remercie.

GUIGNOL.

Allons! tant mieux, tant mieux. Dites donc... Vous allez me servir quelque chose.

LA CABARETIÈRE, *saluant.*

Vous servir à boire?

GUIGNOL.

A boire, comme vous le dites si élégamment.

LA CABARETIÈRE, *même jeu.*

Votre servante, monsieur Guignol.

GUIGNOL.

Vous refusez?

LA CABARET.ÈRE.

Absolument.

GUIGNOL.

Ça n'est pas possible.

LA CABARETIÈRE.

Ça n'est pas possible... mais ça est.

GUIGNOL.

Et pour quelles raisons, s'il vous plait?

LA CABARETIÈRE.

Oh!... une seule... et suffisante... Payez-moi d'abord ce que vous me devez... et puis après nous verrons.

GUIGNOL.

Je vous dois quelque chose?

LA CABARETIÈRE

Vous l'avez oublié ?

GUIGNOL.

Non. Alors vous voulez que je vous paie?

LA CABARETIÈRE.

Payez... et je vous servirai.

GUIGNOL, *lui donnant un coup de bâton.*

Voilà!

LA CABARETIÈRE.

Au secours!

GUIGNOL, *frappant en comptant ses coups.*

Un franc, deux francs, trois francs, quatre francs, cinq;
six, sept, huit... Ça fait-il votre compte?

LA CABARETIÈRE.

Et cinquante centimes.

GUIGNOL, *saluant.*

Voilà... Et maintenant vous êtes payée.

LA CABARETIÈRE.

Ah! gueux! bandit!... je vais aller chercher la police.

GUIGNOL.

Allez chercher qui vous voudrez.

La cabaretière sort furieuse.

SCÈNE II.

GUIGNOL, *seul, la regardant s'en aller.*

Et elle court... et elle court. Va donc! mais va donc! (*Se
retournant.*) Si du moins elle avait laissé la porte de son cabaret ouverte, j'en aurais profité... Fermée!... Oh! la
vieille méfiante! C'est vrai que j'ai cogné un peu... Mais
enfin c'est sa faute. — Est-ce qu'on réclame une dette?—
Ça ne se fait pas entre gens du monde. Quand votre créan-

cier l'oublie, il ne faut pas l'en faire souvenir. Sur'out
quand il ne la nie pas. (*Regardant.*) Ah! mon Dieu! le
gendarme avec la mère Michel. Où me cacher?... Ah!
dans les branches de cet arbre.

Il disparaît, à gauche, derrière un arbre.

SCÈNE III.

LE GENDARME, LA CABARETIÈRE.

LA CABARETIÈRE.

Oui, mon bon gendarme, il m'a frappée; il m'a tuée; je
suis morte. Aussi je veux qu'on l'arrête, qu'on le charge
de chaînes, qu'on le conduise en prison. Puis on le pendra
à une bonne potence, bien solide.

LE GENDARME.

Ça ne va pas être long, vous allez voir. Où est-il? mon-
trez-le moi? Je l'arrête, je le conduis chez le commissaire,
on le juge, on le condamne, et on le pend subito.

GUIGNOL, *passant sa tête et disparaissant.*

Imbécile!

Le gendarme et la cabaretière se retournent étonnés.

LE GENDARME, *à la cabaretière.*

Pourquoi m'appelez-vous imbécile?

LA CABARETIÈRE.

Moi. Oh! Seigneur Dieu! si c'est possible!

LE GENDARME.

J'ai bien entendu. — Et faudrait pas recommencer; sans ça je vous arrête aussi. — J'arrête tout le monde. — Un gendarme, vous savez, c'est sacré. — Il peut faire des bêtises — mais c'est jamais un imbécile.

LA CABARETIÈRE.

Mais...

LE GENDARME.

Suffit !

LA CABARETIÈRE.

Je n'ai...

LE GENDARME, *imitant le roulement du tambour.*

Rrrr !

LA CABARETIÈRE.

Laissez-moi au moins.....

GUIGNOL, *même jeu que plus haut.*

Vieille marmite !

LA CABARETIÈRE.

Oh !

LE GENDARME.

Quoi ?

LA CABARETIÈRE.

Vieille marmite ! C'est dur.

LE GENDARME, *tirant son sabre.*

Vieille marmite ! Qui ça, vieille marmite ? — Où ça ?
Est-ce encore quelqu'un qu'il faut arrêter ?

LA CABARETIÈRE.

Non. Et d'ailleurs je ne vous en veux pas.

LE GENDARME.

De quoi ?

LA CABARETIÈRE

Rien. Parlons plutôt de mon voleur.

LE GENDARME, *à part.*

Elle est folle, la vieille.

LA CABARETIÈRE, *à part.*

Si je n'avais pas besoin de lui, je lui aurais déjà rompu
mon balai sur le dos. (*Haut.*) Et quand allez-vous l'arrêter
ce scélérat ?

LE GENDARME.

Mais tout de suite. Où est-il ?

LA CABARETIÈRE.

Il était là, il n'y a qu'un instant.

LE GENDARME.

Je vais me mettre à sa recherche. —·Vous, pendant ce
temps, allez-vous en chez le juge ; vous l'amènerez ici.

Guignol sera enchaîné, ligotté, ficelé comme un simple
saucisson.

LA CABARETIÈRE, saluant.

J'y cours, monsieur le gendarme, mon cher monsieur
le gendarme.

LE GENDARME, solennel.

C'est bien. Ah ! un mot, madame Michel. Laissez-moi
donc la clef de votre maison.

LA CABARETIÈRE.

La clef!

LE GENDARME.

Laissez-en la porte ouverte, si vous préférez, pour que
je puisse de temps en temps aller me recueillir près d'un
bon verre de vin.

LA CABARETIÈRE, à part, allant ouvrir la porte.

Oh ! si je ne tenais pas tant à ce que tu attrapes le scélérat qui m'a rouée de coups, tu verrais comment je
te l'ouvrirais, ma porte. Je le connais ton recueillement.
Il va me coûter quelques bouteilles. (<i>Haut.</i>) V'là ! c'est fait.

LE GENDARME.

Faitement. — Et maintenant à droite, en avant: arrrche!
Accélérez le mouvement et pressez-vous.

LA CABARETIÈRE.

Voilà! voilà!

LE GENDARME.

Et revenez vite!

LA CABARETIÈRE.

Le plus vite possible : (A part.) Moins je reste, moins il boira. (Haut.) Voilà! voilà!

Elle sort par la droite.

SCÈNE IV.

LE GENDARME, *seul.*

Et maintenant je vais tranquillement attendre que mon prisonnier arrive. — C'est le seul moyen de faire de bonnes et solides arrestations. Pourquoi m'en irais-je courir, me fatiguer, sans savoir où prendre, ni où trouver mon homme? J'aime bien mieux qu'il vienne de lui-même me tendre ses mains pour les lui enchaîner. — En attendant je vais chercher par là-bas une bonne bouteille de vin — derrière les fagots : je connais le coin. Ça m'inspirera!...

Il entre

Chantant.

Bouteille jolie,
Chante-nous
Tes jolis glous-glous,
Ma mie.

SCÈNE V.

GUIGNOL, *paraissant doucement.*

Il y va — il va boire — le sans-cœur. — Et il ne m'invite pas — un gendarme et un prisonnier cependant ça doit aller ensemble. — J'irais bien m'inviter moi-même, mais la potence — Brr ! — Boire — je veux bien — mais être pendu — pas si bête. Si pourtant je pouvais ! Il vient. — Cachons-nous encore.

SCÈNE VI.

LE GENDARME, *puis* GUIGNOL.

LE GENDARME.

Ah ! ça va bien, ça va mieux, ça va même très bien. — Je me sens tout ragaillardi — Maintenant Guignol n'a qu'à paraître, et vous allez voir.

GUIGNOL, *passe sa tête entre les branches.*

Bonjour, gendarme.

LE GENDARME.

Tiens ! Guignol ! Tu étais là !

GUIGNOL.

Mais oui — je vous admire depuis quelques instants.

LE GENDARME.

Tu sais pourquoi je suis ici?

GUIGNOL. *à l'instant*

Pour m'arrêter.

· LE GENDARME.

Faitement. — Aussi tu n'as qu'à descendre, — je vais te ficeler. — Une — deux. — Ce ne sera pas long.

GUIGNOL,

Une — deux. — Il faudra voir!

LE GENDARME.

Allons! descends!

GUIGNOL.

S'il vous plaît?

LE GENDARME.

Ne te fais pas prier — j'ai là une bonne petite corde. — Le juge va venir, — et tu étrenneras une bonne petite potence toute neuve.

GUIGNOL.

Voyez-vous ça.

LE GENDARME.

Tu me feras plaisir!

2

GUIGNOL.

Vous êtes bien bon. Alors approchez-vous pour me donner la main.

LE GENDARME, *s'approchant.*

Voilà !

GUIGNOL.

Plus près.

LE GENDARME, *même jeu.*

Voilà !

GUIGNOL.

Bien. — Maintenant dressez-vous un peu — baissez la tête, tendez votre dos... — Vous me ferez la courte échelle.

LE GENDARME.

Faitement. — Quand je vous le disais : les prisonniers, ce sont des anges. — Ils viennent se faire arrêter tout seuls.

GUIGNOL.

Y êtes-vous ?

LE GENDARME.

Oui.

GUIGNOL.

Et surtout ne bougez pas.

LE GENDARME

Je ne bouge pas.

GUIGNOL, *descend doucement, puis vient derrière lui et lui donne*
un grand coup de bâton.

Une — deux.

Il s'enfuit.

LE GENDARME.

Oh ! ça n'est pas de jeu, et si je t'attrape....

GUIGNOL., *reparaissant au haut de l'arbre.*

Coucou ! Ah ! le voilà !

LE GENDARME.

Descends, ou tu vas voir !

GUIGNOL. '

Kss... Kss...

LE GENDARME.

Ah ! si je n'avais pas mes bottes !

GUIGNOL.

Oui, mais tu as tes bottes.

Chantant.

Et il a des bottes,
Il a des bottes, Bastien.

LE GENDARME

La moutarde me monte au nez.

GUIGNOL.

Prenez garde, vous allez éternuer.

LE GENDARME.

Et il rit encore le sans-cœur !

GUIGNOL.

Je te crois.

LE GENDARME, *à part.*

Je vais me cacher. Il ne me verra pas ; il se croira seul et il descendra.

Il se cache au bas de l'arbre.

GUIGNOL, *regardant sans le voir.*

Personne ! Serait-il parti.... et en laissant la porte du cabaret ouverte ? Voyons un peu.

Il descend

Il passe sa tête par la coulisse de gauche, — le gendarme avance la sienne, — il lui donne un coup de bâton. Le même jeu recommence plusieurs fois. — Lazzis.

Poursuite de Guignol par le gendarme. Il veut le conduire en prison. Il finit par l'attraper, mais au moment de le faire entrer, Guignol s'échappe encore. — La même scène recommence. — Ils se débattent — et finalement c'est Guignol qui enferme le gendarme dans la prison, qui est à droite — du côté du cabaret de la mère Michel.

GUIGNOL, *éclatant de rire.*

Ah ! ah! ah !

LE GENDARME, *l'appelant.*

Mon petit Guignol, ouvre-moi, je t'en prie

GUIGNOL, *chantant.*

Sur l'air du tra
la la la la.

Bonsoir. — Amusez-vous bien. — Et maintenant allons
vitement boire un verre. (*Il va pour entrer au cabaret, regardant.*)
Ah ! mais non ! — Prenons bien garde. Voici le juge et
la mère Michel. Ne nous laissons pas surprendre.

Il se cache encore à gauche.

SCÈNE VII.

LE JUGE, LA CABARETIÈRE, GUIGNOL, *caché.*

LE JUGE, *il arrive, portant une potence sur le dos.*

Soyez tranquille, mère Michel. Dans un petit quart
d'heure tout va être terminé : je place la potence, je lui
lis quelques mots latins ; — le gendarme lui passe la
corde au cou.....

LA CABARETIÈRE.

A la potence ?

LE JUGE.

Non, à Guignol. Puis une fois bien placée, bien clouée,
bien arrangée...

LA CABARETIÈRE.

Qui? Guignol.

LE JUGE.

Non — la potence. — Vous ne comprenez donc rien?— *Il lui envoie un coup sur la tête avec la potence.)* Ça n'entre donc pas?

GUIGNOL, *vient derrière et à son tour envoie un coup de bâton sur la tête du juge.*

Entrez !

LE JUGE.

Je me suis cogné contre l'arbre.

LA CABARETIÈRE, *se frottant la tête.*

Je comprends, très bien, très bien, monsieur le juge. Vous avez des arguments qui frappent fort.

LE JUGE.

Ce sont les meilleurs. (*A part, même jeu.*) Sapristi, que je me suis donc cogné fort moi aussi.— (*Haut.*) Voyons, ce n'est pas le tout. Voici la potence: je la plante.(*Il la plante.*) Voici la corde.—Maintenant amenez-moi mon gendarme et votre voleur. — Moi je vais ouvrir mon code pour le condamner avec tout le cérémonial obligatoire en pareil cas. Sans le code, voyez vous, pas de jugement. C'est comme nous: sans robe et sans bonnet carré, pas de juge. — Eh bien! vous restez là à me regarder. — Cher-

chez-moi donc tout mon monde. M'auriez-vous dérangé
pour rien, nom d'un pantin !

GUIGNOL, *caché.*

Crétin !

LE JUGE, *étonné.*

Il y a de l'écho, ici. Répondez, cabaretière... Mais
doucement.

LA CABARETIÈRE.

J'ai laissé, ici, le gendarme à la recherche de Guignol.

LE JUGE.

Il cherchait Guignol. Oh ! alors, soyez tranquille, il
ne reviendra que lorsqu'il l'aura trouvé. Nous ne sommes
pas pressés. Et puis nous sommes sûrs de notre affaire.
Mon gendarme est un dur à cuire — *duribus cuiribus,*
— comme dit le code — jamais un prisonnier ne s'é-
chappe de ses mains. *Prisonnierus, prisonnierum,* comme
dit le même code. Saluez.

LA CABARETIÈRE.

Que c'est beau les savants ! C'est égal, il me tarde bien
de le voir arrêté ce bandit. (*Elle s'approche.*) Ainsi, je vais
le voir se balancer au bout de cette corde. Ça doit gêner
sur le moment !

GUIGNOL, *doucement, il s'approche sans qu'on le vole.*

(*A part.*) Tu vas voir si cela va me gêner.

LE JUGE.

Vous n'avez jamais vu pendre?

LA CABARETIÈRE.

Jamais.

LE JUGE.

Tenez, on passe la corde au cou comme ceci. (*Il fait en même temps les gestes.*) Oh! il n'y a pas de danger — voyez, le nœud est coulant, j'y passe ma tête, passez-y la vôtre. Puis on tire... et...

GUIGNOL, *s'est approché, il tire la corde, et le juge et la cabaretière se trouvent pendus.*

A deux sous, les polichinelles!

LE JUGE, LA CABARETIÈRE.

Au secours! Au secours!

GUIGNOL.

Tu peux crier, on ne viendra pas.

LE JUGE.

Gendarme! gendarme!

SCÈNE VIII.

Les Mêmes, *puis* LE GENDARME, *paraissant à la fenêtre de la prison.*

LE GENDARME.

Qui m'appelle? Ciel! le juge et la mère Michel pendus!
Qu'est-ce que vous faites-là?

GUIGNOL.

Ils prennent le frais.

LE JUGE.

Viens nous détacher!

LE GENDARME.

Je ne peux pas, je suis enfermé.

GUIGNOL.

Faut-il tirer le cordon?

LA CABARETIÈRE.

Bandit!

GUIGNOL.

Ah! pas de gros mots! Soyons polis, ou je cogne.
Qu'est-ce que je vous dois?

LA CABARETIÈRE.

Huit francs cinquante centimes.

GUIGNOL.

En êtes-vous sûr?

Avec son bâton il frappe sur la cabaretière et sur le juge.

LA CABARETIÉRE.

Non! non! non! Tu ne me dois rien, plus rien, je te fais crédit. Mais lâche la corde.

GUIGNOL.

Et vous, monsieur le juge, mon bon juge ?

LE JUGE.

Moi, je te ferai pendre. *Pendere !*

LA CABARETIÉRE, *au juge.*

Eh! laissez là votre Chinois, puisque je ne peux plus me faire payer.

GUIGNOL.

Tu me feras pendre, mon bon juge?

LE JUGE.

Haut et court.

GUIGNOL.

Hautus, courtus. Hautum, courtum.

A chacun des mots il cogne du bâton.

LE JUGE.   :

Non ! non, grâce ! il ne te sera rien fait.

GUIGNOL.

Vous le jurez?

LE JUGE.

Je le jure.

GUIGNOL.

En latin.

LE JUGE.

Juro.

GUIGNOL., *lâchant la corde.*

Bravo ! Et maintenant je vais ouvrir au gendarme.

LE GENDARME, *de la fenêtre.*

Encore plus bravo !

GUIGNOL, *va lui ouvrir, il entre en scène. Le juge et la cabaretière se détachent de la potence.*

GUIGNOL.

Et maintenant, pour prix de notre peine, la mère Michel va nous servir un joli diner. Le juge le paiera. Le gendarme coupera le bois et soufflera le feu. La mère Michel mettra le couvert.

LE GENDARME.

Et toi ?

GUIGNOL.

Moi je mangerai ! (*Au public.*) Ainsi finit la comédie !

Rideau.

LE DOCTEUR CORNIBUS

— GUIGNOL DOMESTIQUE —

Por r Georges Nessler.

LE DOCTEUR CORNIBUS

— GUIGNOL DOMESTIQUE —

PERSONNAGES :

LE DOCTEUR. — UNE VIEILLE DAME. — LE COMMISSAIRE.
GUIGNOL. — UN APOTHICAIRE. — UN VIEUX MONSIEUR.

Un salon chez le docteur Cornibus.

SCÈNE PREMIÈRE.

LE DOCTEUR, *entrant.*

Déjà dix heures et le nouveau domestique qu'on m'a annoncé n'arrive pas. — C'est très ennuyeux, et cela aujourd'hui justement où j'ai besoin de sortir. — Il peut m'arriver du monde pour me consulter et personne ne sera là pour recevoir mes clients. J'avais pourtant dit qu'on m'envoyât ce domestique, dès le matin. — J'en ai absolument besoin; il faut même que je le prenne tel qu'il sera, quitte à le renvoyer demain. (*On frappe.*) Si c'était lui!

Il va ouvrir.

SCÈNE II.

GUIGNOL, LE DOCTEUR.

GUIGNOL.

Le docteur Bornibus?

LE DOCTEUR.

Cornibus, vous voulez dire.

GUIGNOL.

Bornibus, Cornibus, ça m'est égal.

LE DOCTEUR.

C'est moi.

GUIGNOL.

Vous en êtes sûr?

LE DOCTEUR.

Comment ! si j'en suis sûr?

GUIGNOL.

Êtes-vous bien le docteur Barlabus?

LE DOCTEUR.

Cornibus !

GUIGNOL.

Ça m'est égal.

LE DOCTEUR.

C'est moi.

GUIGNOL.

Vous n'êtes pas beau !

LE DOCTEUR.

Comment! je ne suis pas beau !

GUIGNOL.

Vous êtes laid.

LE DOCTEUR.

Mais !...

GUIGNOL.

Ça c'est votre affaire. — Je ne vous en veux pas. —
Je suis votre nouveau domestique, Jean Boniface Guignol.

3

LE DOCTEUR.

Vous! (*A part.*) Il n'est pas poli. — Mais j'en ai besoin, patientons. (*Haut.*) Ah! parfait alors. — Vous arrivez un peu en retard.

GUIGNOL.

Je dormais.

LE DOCTEUR.

Ah!

GUIGNOL.

Et quand je dors je n'aime pas qu'on me dérange Tenez-vous pour averti, sans ça je cogne. Han! (*Il lui donne un coup de bâton.*) Comme ceci.

LE DOCTEUR, *à part.*

Il est paresseux et brutal, mais il le faut. (*Haut.*) Je tâcherai de ne pas te réveiller trop matin. (*A part.*) Je le flanquerai à la porte demain dès l'aube.

GUIGNOL.

Et les gages?

LE DOCTEUR.

Les gages?

GUIGNOL.

Oui, les gages? Vous croyez peut-être que je vais vous servir à l'œil, vieille morue!

LE DOCTEUR *fait un geste d'impatience, puis se contient.*

Non, mon cher Guignol.

GUIGNOL.

Dites donc, *monsieur* ne vous écorcherait pas trop la bouche, ce me semble. Faut être poli, vieux mollusque!

LE DOCTEUR, *même jeu.*

Pardon, mon cher monsieur Guignol. (*A part.*) Demain tu paieras tout cela, gredin !

GUIGNOL.

Vous dites?

LE DOCTEUR.

Je dis qu'il fera beau demain. (*Reprenant.*) Nous disions que ces gages seraient de...

GUIGNOL.

Attendez, laissez-moi les fixer moi-même, j'aime mieux ça.

LE DOCTEUR.

Ah !

GUIGNOL.

Oui. Il vaut mieux que ce soient les domestiques qui fixent eux-mêmes leurs conditions, puisque ce sont eux qui ont le plus de mal. Je veux deux cents francs.

LE DOCTEUR.

Par an !

GUIGNOL.

Par an? Han! (*Il lui donne un coup de bâton.*) Non, par mois. Est-il bête !

LE DOCTEUR, *se contenant toujours.*

Tu les auras.

GUIGNOL.

Le matin, le chocolat.

LE DOCTEUR, *même jeu.*

Tu l'auras.

GUIGNOL

Dans le lit.

LE DOCTEUR.

Dans le lit. (*A part.*) Tu verras le chocolat, celui que je te servirai demain matin.

GUIGNOL.

A déjeuner trois plats, deux desserts, vin et pain à volonté. A quatre heures, un petit goûter. Oh! un rien, une aile de poulet, une cuisse de dindon, quelques gâteaux, une assiettée de soupe et une salade d'œufs durs. A dîner, potage, hors-d'œuvre variés; entrée; rôti, entremets sucré, dessert, vin et pain, comme à déjeuner. Et voilà!

LE DOCTEUR.

Et c'est tout?

GUIGNOL.

Pour le moment. Si j'oublie quelque chose, je vous le dirai.

LE DOCTEUR

Et vous avez servi souvent?

GUIGNOL.

Jamais. C'est la première fois que je me présente chez quelqu'un. La dame du bureau de placement, en me donnant votre adresse, m'a dit : Guignol, tu peux y aller sans crainte. Le docteur Cornibus est vieux, riche, ladre comme un rat. Ainsi ne te gêne pas. Vous voyez qu'elle vous connaît. Aussi je n'ai fait ni une ni deux. J'ai dit, puisque le monsieur a le sac, j'y vais ; s'il résiste, je cognerai. Et me voilà. Maintenant avancez-moi six mois de gages.

LE DOCTEUR.

Comment ! que je t'avance six mois de gages ?

GUIGNOL.

Parfaitement. Je ne vous connais pas, vous ; vous pouvez filer, me planter là. Ce sera toujours autant de pris.

LE DOCTEUR.

Ah ! mais non ; (A part.) il va trop loin.

GUIGNOL.

Vous ne voulez pas ?

LE DOCTEUR.

Non, mille fois non. Et tu peux t'en aller de suite si tu veux. Six mois de gages !

GUIGNOL.

Alors vous m'avez fait venir, pour rien, déranger, pour

rien, causer, pour rien. Attends un peu. Et v'lan ! et
v'lan !

Il cogne avec son bâton.

LE DOCTEUR, *criant.*

Mais il m'assomme ! au secours !

GUIGNOL, *même jeu.*

Veux-tu ne pas crier comme ça. Ah ! tu demandes un
domestique et puis tu n'en veux plus. Et aïe donc ! aïo
donc !

LE DOCTEUR.

J'accepte. J'accepte tout ce que tu voudras. Tiens,
(*Il va chercher de l'argent.*) voici tes six mois de gages.
(*A part.*) Pendard ! (*Haut.*) Tu feras tout ce que tu voudras. Le chocolat, le diner, le goûter, le déjeuner, tu
auras tout.

GUIGNOL.

A la bonne heure ! Vous voyez bien qu'il n'y a qu'à
s'expliquer pour s'entendre.

LE DOCTEUR.

(*A part.*) Et me voilà obligé de le garder maintenant
six mois, puisque je lui ai payé ses gages.

GUIGNOL.

Qu'est-ce que vous dites ?

LE DOCTEUR.

Je dis que je suis très heureux de ton explication. Tes arguments sont...

GUIGNOL.

Très sensibles, je le sais. Maintenant, vous verrez, je ne suis pas mauvais garçon. Dites-moi ce qu'il y a à faire et pourvu que ce ne soit pas trop difficile, pourvu qu'il n'y ait pas trop à se fatiguer, je vais me mettre à l'ouvrage.

LE DOCTEUR.

(*A part.*) Il pourra peut-être faire mon affaire, avec de la patience? (*Haut.*) Voici ton occupation. Je vais sortir ; il viendra probablement des personnes, des clients, pour me consulter. Tu leur répondras que je les recevrai demain, que j'ai été obligé de m'absenter aujourd'hui. Tu les recevras poliment, tu leur parleras respectueusement.

GUIGNOL.

C'est bon ! C'est bon ! On sait son métier, que diable ! J'ai été deux ans à l'école. Je sais compter jusqu'à dix.

LE DOCTEUR.

Tu leur demanderas leurs noms? — Tu tâcheras de no

pas les oublier, et tu me les diras à mon retour pour que j'en prenne note. Tu as compris?

GUIGNOL.

Mais parfaitement. Tu peux filer, maintenant, vieux singe !

LE DOCTEUR, *à part.*

Il est trop familier. Enfin — il se corrigera peut-être ! (*Haut.*) Allons ! à ce soir.

GUIGNOL.

A ce soir.

LE DOCTEUR.

Et n'oublie aucune de mes recommandations.

GUIGNOL, *le poussant dehors.*

Mais oui ! Mais oui ! En voilà une montre à répétition !...

Le docteur sort.

SCÈNE III.

GUIGNOL, *seul.*

Maintenant si j'allais faire un tour à la cuisine. (*Il regarde.*) Un joli pâté sur la table, un reste de poulet, mais c'est tout ce qu'il me faut. Et je vais de ce pas dire quelques mots à toutes ces bonnes choses.

Il sort.

SCÈNE IV.

GUIGNOL, puis UNE DAME.

On entend sonner, une fois, deux fois, trois fois, puis la sonnerie carillonne sans s'arrêter.

GUIGNOL.

On y va! on y va! (*Il parait, la serviette nouée autour du cou.* Il n'y a donc pas moyen de rester tranquille une minute. On y va! on y va! C'est-il, Dieu possible, de déranger ainsi les gens! On y va! (*Criant.*) J'y vais, on finirait par démolir la maison. (*Il va ouvrir, puis il entre suivi d'une dame.*) Entrez, madame, entrez!

LA DAME.

Je croyais qu'on ne viendrait pas.

GUIGNOL.

Dites donc, vous ! Est ce que je vais vous déranger quand vous êtes à table?

LA DAME.

Insolent !

GUIGNOL.

Insolent ! Ah ! tu sais, toi, ne recommence pas, ou ça va se gâter.

LA DAME, *furieuse.*

Où est le docteur?

GUIGNOL.

Je ne sais pas. Qu'est-ce que vous lui voulez?

LA DAME.

Vous faire chasser d'abord, puis le consulter ensuite.

GUIGNOL.

Eh bien ! si j'ai un conseil à vous donner, c'est de me dire votre maladie pour que je la lui raconte, car il n'est pas là.

LA DAME.

Ma maladie ! A un domestique ! Ouvrez-moi la porte tout de suite. Puisque le docteur n'est pas là, je reviendrai.

GUIGNOL.

Alors vous ne voulez pas me dire pourquoi vous veniez le consulter?

LA DAME.

Jamais de la vie !

GUIGNOL.

Eh bien! je vais vous la donner tout de même votre consultation. On ne dérange pas les gens pour rien. (*Il va prendre le balai et frappe.*) Tenez, voici pour la migraine, pour les foulures, pour les brûlures, pour les luxures, pour la phtisie, l'hydropisie, la pulmonie, et toutes les autres maladies.

LA DAME, *se sauvant poursuivie par Guignol.*

Au secours! au secours! On m'assassine!

GUIGNOL, *même jeu.*

Non, je vous consulte. Et aïe donc!... Et aïe donc!

Lazzis. — *Ils s'arrachent le balai mutuellement, puis, la dame s'enfuit, sans chapeau, sans perruque, appelant au secours.*

GUIGNOL, *seul.*

Tiens! elle a oublié de me dire son nom. Elle reviendra... je crois que pour la première consultation, je ne m'en suis pas trop mal tiré. Maintenant, allons-nous en reprendre notre petit déjeuner. Il n'y a que le vin que je n'ai pas trouvé encore, mais en cherchant bien... (*Au moment où il va pour sortir, on sonne.*) Encore! Ah! j'en ai assez moi! — (*Drelin, drelin.*) On y va. Est-ce que ça durera toute la journée! — (*Drelin, drelin, drelin.*) On y va !... Attends! je m'en vais te l'expédier celui-là! Et un peu vite.

Il va ouvrir

SCÈNE V.

GUIGNOL, *entrant suivi d'un vieux monsieur.*

LE VIEUX MONSIEUR.

Le docteur Cornibus, s'il vous plaît! Je viens lui apporter de l'argent.

GUIGNOL.

De l'argent! Bonne aubaine! Le docteur Cornibus, c'est moi, monsieur.

LE VIEUX MONSIEUR.

Vous?

GUIGNOL.

Moi-même. Le grand, l illustre, le célèbre, le seul docteur Cornibus, inventeur de la poudre de ce nom, arracheur de dents du Schah de Perse, pédicure de l'Éléphant Blanc du roi de Siam, médecin breveté du grand Lama, etc, etc..

LE VIEUX MONSIEUR, *s'inclinant.*

Un de mes amis que vous avez soigné, m'a prié de vous remettre le prix de visites à lui faites, et j'ai été très heureux de me charger de cette commission, d'autant plus que j'avais moi-même une consultation à vous demander.

GUIGNOL.

Une consultation? (*A part.*) Ça va être plus difficile.

LE VIEUX MONSIEUR.

Voici d'abord l'argent. Dix visites à dix francs, cent francs. Est-ce bien votre compte?

GUIGNOL., *prenant l'argent.*

Parfaitement.

LE VIEUX MONSIEUR.

Et maintenant voici ce sur quoi je voulais vous consulter. Il y a un mois environ que je ne peux plus dormir, j'ai des insomnies. J'ai beau me coucher de bonne heure, me coucher tard, rien n'y fait! Que me conseillez-vous?

GUIGNOL.

Je ne sais pas.

LE VIEUX MONSIEUR.

Comment! vous ne savez pas.

GUIGNOL.

Si — je veux dire que je sais parfaitement. Seulement c'est grave!

LE VIEUX MONSIEUR.

Grave?

GUIGNOL.

Très grave, encore plus grave, excessivement grave!

A part.) Jo vais lui parler latin, cela fera très bien. *(Haut.)* *Gravus, grava, gravum, encore plus gravum.* Voilà !

LE VIEUX MONSIEUR.

Et quo dois-je faire?

GUIGNOL.

Vous coucher.

LE VIEUX MONSIEUR.

Mais je ne peux pas dormir.

GUIGNOL.

Vous essaierez.

LE VIEUX MONSIEUR.

C'est impossible. Il faut trouver autre chose.

GUIGNOL.

Ah! il faut trouver autre chose. Attends. Tournez-vous.

LE VIEUX MONSIEUR.

Que je me tourne?

GUIGNOL, *le plaçant.*

Oui, là, comme ceci. *(Il va prendre le balai et frappe.)* Voilà le remède.

Lazzis, coups de bâton.

LE VIEUX MONSIEUR.

Au secours!

GUIGNOL.

Et aïe donc! Et aïe donc!

Le vieux monsieur s'enfuit.

SCÈNE VI.

GUIGNOL, *seul*.

Mais c'est très amusant d'être domestique chez un docteur. De l'argent, de bons repas. Je crois que je me trou-
verai très bien ici. En parlant de repas, j'ai soif et je
n'aperçois pas la plus petite bouteille. Où diable met-il
son vin cet homme-là? C'est la première des choses à indi-
quer à un domestique, la cave... Cherchons. (*On sonne.*) Encore. Ah non! cette fois. Mais il ne s'arrêtera pas. Attends!

*Il va à la porte prend son bâton, ouvre et en donne un grand coup
sur l'apothicaire qui entre.*

SCÈNE VII.

GUIGNOL. L'APOTHICAIRE, *tenant une bouteille*.

L'APOTHICAIRE.

Ah! mon Dieu!

GUIGNOL.

Oh! pardon. (*A part.*) Un marchand de vin.

L'APOTHICAIRE.

Vous pourriez faire un peu plus attention.

GUIGNOL.

Ça m'a échappé. Vous demandez?

L'APOTHICAIRE.

Rien du tout. Cette bouteille à remettre au docteur dès qu'il rentrera. Vous lui direz que je l'ai préparée moi-même. Elle est délicieuse, un parfum exquis. Il la boira avec un plaisir extrême.

GUIGNOL.

Donnez.

L'APOTHICAIRE.

Et maintenant je pars, car on m'attend à la boutique, j'ai d'autres bouteilles à préparer.

GUIGNOL.

Au revoir!

L'APOTHICAIRE, *le retenant.*

Non, vous savez, restez là. Ne m'accompagnez pas. J'aime mieux ça.

SCÈNE VIII.

GUIGNOL.

Plus souvent que j'irais taper sur un individu qui apporte de si bonnes choses! Une bouteille! Comme cela se trouve bien, moi qui mourais de soif. Ce doit être exquis. (*Il regarde la bouteille.*) Limonade Rogé... Limonade!... j'adore la limonade. Voyons. (*Il boit.*) Oh! c'est délicieux... Ça vous a un petit goût. Mais un goût! Est-il heureux le docteur de pouvoir se payer des douceurs pareilles. Oh! décidément pour une bonne place, c'est une bonne place; je n'ai pas à me plaindre et si tous les jours se ressemblent, bravo! Bien nourri, bien logé, bien payé... Et de la bonne limonade, (*Il boit.*) de l'excellente limonade... Quand le docteur reviendra je lui dirai qu'on n'a rien apporté du tout... Ah! ça va mieux —... Et maintenant, voyons, que vais-je faire?... Ma foi, tant pis, je vais me coucher un peu... Le repos après le travail, c'est nécessaire... Si on sonne, je laisserai sonner... Le docteur doit avoir sa clef... S'il ne l'a pas, il attendra que je me réveille... Ah! que je vais bien dormir. Encore un peu de limonade! (*Il boit.*) Il faudra que je lui dise de faire faire ses bouteilles plus grandes. Il n'y en a pas pour un enfant.

Il sort.

4

SCÈNE IX.

LE DOCTEUR, *puis* GUIGNOL.

LE DOCTEUR, *entrant*.

J'ai eu fini mes affaires plus tôt que je ne pensais et je me suis hâté de rentrer, parce que j'ai peur que mon nouveau domestique ne soit pas encore assez bien au courant. Il m'a bien promis d'être poli... Mais je me méfie — d'autant que j'attendais aujourd'hui la vieille comtesse d'Escarlagnos, une de mes meilleures clientes, et que je suis pressé de savoir ce qu'elle a dit. Elle devait venir me consulter... Ah ça ! mais où est Guignol ! je ne le vois pas. Guignol ! (*Il appelle.*) Guignol ! Guignol ! Où est-il donc allé à cette heure ?... Guignol ! Guignol !

GUIGNOL *apparaît, pâle, se soutenant à peine, les mains sur le ventre.*

Voilà ! voilà !

LE DOCTEUR.

Ah ! mon Dieu ! Que t'arrive-t-il ? Tu es tout pâle, tu te soutiens à peine.

GUIGNOL.

Rien... La chaleur, le.... Ah !

LE DOCTEUR.

Mais il se trouve mal! Qu'as-tu, voyons? Que te sens-tu?

GUIGNOL.

C'est là... dans le cœur, et puis là... dans le ventre, ça
me fait... Ah! ah! ah!

LE DOCTEUR.

Aurais-tu touché à quelques-unes de ces fioles enfer-
mées dans les armoires?

GUIGNOL.

Oh! non! non! — mais ça me fait mal! Ça me... Ah!
ah! ah!

LE DOCTEUR.

Tu as dû faire quelque tour de ton métier.

GUIGNOL.

Je vous jure...

LE DOCTEUR.

Ne jure pas. Je vois ce que c'est... Tu es empoisonné!

GUIGNOL.

Empoisonné... Oh! ma mère...

LE DOCTEUR.

Allons! du courage!

GUIGNOL.

Vous êtes bon, vous... Empoisonné... Mais il n'y a donc
aucun moyen de me sauver?

LE DOCTEUR.

Si, peut-être... Je vais t'ouvrir le ventre et regarder ce qu'il y a dedans.

GUIGNOL.

Non pas cela! j'aime mieux...

LE DOCTEUR.

Quoi?

GUIGNOL.

Tout vous dire.

LE DOCTEUR.

Eh bien?

GUIGNOL.

J'ai...

LE DOCTEUR.

Quoi?

GUIGNOL.

Ah! mon Dieu!

LE DOCTEUR.

Dépêche-toi... Tout à l'heure il ne sera plus temps.

GUIGNOL.

J'ai bu une bouteille de limonade... qu'on avait apportée pour vous... Ah! mon Dieu! voilà que ça me reprend.

LE DOCTEUR.

Une limonade Rogé... (*Guignol fait signe que oui.*) Tu es un homme mort.

GUIGNOL.

Ah! mon Dieu!

LE DOCTEUR.

Le seul remède qu'il y ait à ton mal coûte très cher,
et je ne sais...

GUIGNOL.

Combien...?

LE DOCTEUR.

Cent francs.

GUIGNOL.

Les voilà... Mais donnez-moi vite quelque chose... Le
cœur me manque.

LE DOCTEUR, *à part, prenant l'argent.*

Je rentre dans mes fonds.

GUIGNOL.

Eh bien?

LE DOCTEUR.

Mais il faut tout me dire... Est-ce bien tout ce que tu as
fait?...

GUIGNOL.

J'ai encore rossé une vieille dame.

LE DOCTEUR.

Pendard!

GUIGNOL.

Ah! ne m'accablez pas, puisque je vais mourir.

LE DOCTEUR.

Et c'est tout?

GUIGNOL.

Puis il est venu un vieux monsieur, qui m'a remis de l'argent. Oh! le voilà, monsieur, je ne voulais pas le garder. Mais vite, vite un remède, je sens que je m'en vais.

LE DOCTEUR.

Et c'est tout?

GUIGNOL.

Je vous le jure...

LE DOCTEUR.

Eh bien! tu vas t'en aller, tu te coucheras... Et demain ça ira mieux.

GUIGNOL.

Comment, c'est tout votre remède? Et l'empoisonne-ment? La limonade?.

LE DOCTEUR.

Une purge.

GUIGNOL.

Suis-je bête! Dites donc, rendez-moi mon argent.

LE DOCTEUR.

Une autre fois ! Et maintenant bon voyage, je ne te retiens plus.

GUIGNOL.

Je suis joué... J'ai voulu duper les autres, et c'est moi qu'on a dupé... C'est égal, si je n'étais pas malade... Mais, je ne peux pas. Et puis ces docteurs il faut toujours se méfier ; jamais plus je ne me placerai chez eux... Je n'oserais plus boire ni manger.

LE DOCTEUR.

Bien mal acquis ne profite jamais.

GUIGNOL.

Ainsi finit la comédie.

Rideau.

PROPRIÉTAIRE & LOCATAIRE

— GUIGNOL LOCATAIRE. —

Pour Blanche Nessler

PROPRIÉTAIRE & LOCATAIRE
— GUIGNOL LOCATAIRE. —

PERSONNAGES :
GUIGNOL. — LE CONCIERGE. — MAITRE FURET.
LE PROPRIÉTAIRE. — LE GENDARME. — LE COMMISSAIRE.

La chambre de Guignol.

SCÈNE PREMIÈRE.
GUIGNOL, *entrant.*

Plus moyen de trouver un sou ! C'est fini. Mon pauvre

Guignol, tu y es. Mais là, en plein, dans la panade. J'ai
visité tous mes amis; ceux qui avaient ne voulaient pas;
ceux qui voulaient, n'avaient pas. Comment faire? Ce qui
me gêne le plus, c'est mon propriétaire. Voilà trois fois
qu'il envoie le concierge; et voilà trois fois que je prie cet
estimable fonctionnaire de revenir. Et il revient toujours!
Il y a des gens qui ont vraiment de la constance. Et puis
payer, c'est bien facile à dire. Il faut pouvoir. Quelle in-
vention bête que les créanciers, et que ces gens-là sont
vraiment mal appris de venir nous réclamer à tout instant
ce qu'on a eu la faiblesse de leur emprunter! En attendant
je vais me coucher. Je rêverai peut-être que je suis mil-
lionnaire, et que c'est moi qui suis à mon tour le créan-
cier de ma propriétaire. Il passerait un joli quart d'heure,
je ne vous dis que ça. Allons! (*Au moment où il va pour sortir,
on entend frapper à la porte.*) On frappe! Qui peut bien venir
à cette heure? Si c'était la fortune! Elle ne s'annoncerait
pas autrement. (*On frappe encore.*) On y va! on y va! (*Il va
ouvrir.*) Le concierge! encore. Ah! il m'ennuie à la fin!

SCÈNE II.

LE CONCIERGE, GUIGNOL, *puis* MAITRE FURET.

GUIGNOL.

Encore vous!

LE CONCIERGE.

Encore moi ! Tout à votre service.

GUIGNOL.

Et quel heureux hasard me procure l'honneur de votre visite?

LE CONCIERGE.

Oh! mon Dieu, pas grand'chose. *(Lui montrant un papier.)* Ceci.

GUIGNOL.

Quoi?

LE CONCIERGE.

Votre quittance de loyer.

GUIGNOL.

Je ne lis jamais ces choses-là.

LE CONCIERGE.

Il ne s'agit pas de lire, mais de payer.

GUIGNOL.

Payer? Pourquoi faire?

LE CONCIERGE.

Comment ! pourquoi faire?

GUIGNOL.

Oui, expliquez-moi! Parce que, au fond, voyez-vous, moi je ne demande pas mieux que de payer.

LE CONCIERGE, *joyeux.*

Vous allez payer !

GUIGNOL.

Je ne dis pas cela.

LE CONCIERGE.

Mais vous devez?

GUIGNOL.

Je ne l'ai jamais nié.

LE CONCIERGE, *en colère.*

Ainsi vous ne voulez pas payer !

GUIGNOL.

Oh ! fi, le vilain homme, qui me parle dans le nez.

LE CONCIERGE.

Une fois, deux fois, trois fois, vous ne voulez pas !

GUIGNOL.

Si...

LE CONCIERGE.

Ah !

GUIGNOL.

Combien dois-je?

LE CONCIERGE.

Trente-deux francs.

GUIGNOL.

Parfait. Payez pour moi, prêtez-m'en dix-huit et ce sera cinquante francs que je vous devrai.

LE CONCIERGE.

Ah! c'est ainsi! Vous voulez vous moquer de moi! Vous allez voir. (*Se tournant vers la porte.*) Entrez, maître Furet.

Maître Furet entre.

GUIGNOL.

Qu'est-ce que c'est que ça!

LE CONCIERGE.

Ça! C'est un huissier.

GUIGNOL.

Il en a bien l'air.

MAITRE FURET.

Insolent!

GUIGNOL.

Ah! tu sais, toi! Ne m'échauffe pas la bile, ou je cogne.

LE CONCIERGE.

Ne prêtez pas attention à ce que dit cet homme, et faites votre devoir.

MAITRE FURET.

Je vais inventorier.

GUIGNOL.

Inven... quoi!

LE CONCIERGE.

Inventorier votre mobilier.

GUIGNOL.

Mon mobilier?

MAITRE FURET.

Aux fins de saisie. (*Il écrit.*) Item : une table, dito..

GUIGNOL, *à part.*

Attends, je vais t'en donner de l'item et du dito.

LE CONCIERGE.

Et surtout n'oubliez rien.

MAITRE FURET, *écrivant toujours.*

Soyez tranquille... Rien ne m'échappe!

GUIGNOL.

Tu ne m'échapperas pas, non plus, vieux melon !

MAITRE FURET.

Vous dites ?

GUIGNOL.

Je dis : vieux melon !

MAITRE FURET.

J'avais bien entendu. Je vous remercie.

LE CONCIERGE.

Avez-vous tout noté, tout écrit ?

MAITRE FURET.

J'ai tout noté.

GUIGNOL. *qui est allé chercher un balai.*

Et ça ! (*Il lui en donne des coups sur la tête et sur le dos.*) Et ça ! Notez ! Ecrivez ! N'oubliez rien. Mais écrivez donc ! Et aïe donc ! Et aïe donc !

LE CONCIERGE.

Au secours !

GUIGNOL.

Ah ! tu en veux aussi ! Distribution générale. (*Il lui donne des coups de bâton.*) Pas de jaloux ! Il y en a pour tout le monde.

LE CONCIERGE *et* MAITRE FURET.

A l'assassin !

GUIGNOL. *les poursuivant et les frappant toujours.*

Voulez-vous bien vous taire ! Vous allez ameuter le quartier.

Le concierge et maître Furet, après une poursuite folle, s'enfuient en criant.

GUIGNOL.

Et aïe donc ! Et aïe donc ! Ouf ! M'en voilà débarrassé ! C'est dur un concierge et un huissier. J'aurais dû me munir d'un balai neuf. (*Regardant son balai.*) Ils m'en ont faissé le manche. Je vais maintenant pouvoir dormir tranquille. (*On frappe.*) Encore ? Serait-ce un autre huis-

5

sier? Attends. *On frappe.*) Quelle baraque que cette maison !
On ne peut pas rester une heure en repos.

SCÈNE III.

LE PROPRIÉTAIRE, GUIGNOL.

Le propriétaire entre, en bonnet grec, robe de chambre.

GUIGNOL.

Tiens ! c'est mon propriétaire, mon aimable propriétaire, mon adorable propriétaire !

LE PROPRIÉTAIRE.

Oui ! monsieur Guignol, c'est moi. Je....

GUIGNOL.

Vous allez bien ?

LE PROPRIÉTAIRE.

Très bien. Je viens pour....

GUIGNOL.

Et votre femme? (*Chaque fois que le propriétaire veut parler, il
l'arrête*). Et vos enfants ? Votre petit dernier ! En voilà un
qui est mignon par exemple ! Tout votre portrait. Mange-
t-il bien? Dort-il bien? Et votre chien est-il guéri? Et
votre chat l'avez-vous retrouvé ?...

LE PROPRIÉTAIRE.

Mais me laisserez-vous parler à la fin...

GUIGNOL.

Vous ne me répondez pas...

LE PROPRIÉTAIRE.

J'ai bien autre chose à faire. Il paraît que vous ne voulez pas sortir d'ici? Vous ne voulez pas payer, et vous voulez rester?

GUIGNOL.

Je me trouve si bien.

LE PROPRIÉTAIRE.

Ça m'est égal.

GUIGNOL.

Je préfère votre maison à toutes les autres. Le schah de Perse m'a fait offrir un de ses palais. — J'ai refusé.

LE PROPRIÉTAIRE.

Vous avez roué de coups mon concierge et mon huissier.

GUIGNOL.

Moi! oh! si on peut dire!

LE PROPRIÉTAIRE.

Oui! — Ils sont arrivés chez moi, criant au secours, disant que vous aviez voulu les tuer.

GUIGNOL.

Il y a des gens qui exagèrent tout.

LE PROPRIÉTAIRE.

Vous ne les avez pas roués de coups ?

GUIGNOL.

Non. J'ai tout bonnement pris mon balai comme ceci, puis je me suis approché comme cela, et v'lan, v'lan, tout doucement, je leur ai secoué un peu leurs vêtements ?

Tout en disant cela, il a pris le balai et frappe sur le propriétaire.

LE PROPRIÉTAIRE.

Merci, je comprends.

GUIGNOL.

Vous voyez bien. Et maintenant bonsoir, je vais me coucher.

LE PROPRIÉTAIRE.

Vous coucher? vous allez sortir d'ici, et tout de suite! vous ne me payez pas, je vous mets dehors.

GUIGNOL.

Dehors! Répète un peu ça pour voir, vieille morue!

LE PROPRIÉTAIRE.

Morue!

GUIGNOL.

Espèce de chauffe la couche!

LE PROPRIÉTAIRE.

Chauffe la couche!

GUIGNOL.

Melon, si tu aimes mieux! Mais voyez-moi donc ce pot à tabac, à qui je fais des politesses depuis une heure, et qui parle de me chasser! Essaye un peu pour voir!

LE PROPRIÉTAIRE.

Ah! c'est trop fort! — Je ne serai pas maître chez moi?

GUIGNOL.

Chez toi? on n'est jamais sûr d'être chez soi!

LE PROPRIÉTAIRE.

Je suis propriétaire.

GUIGNOL.

Quand tu serais le Grand Turc! Allons, houste! file ou je cogne.

LE PROPRIÉTAIRE.

Il oserait.

GUIGNOL.

Tu vas voir.

Il cogne.

LE PROPRIÉTAIRE.

A l'assassin! A la garde! Au secours! A moi!

GUIGNOL, *même jeu.*

Mais ne crie donc pas comme ça! On croirait que je te fais du mal!

Ils se battent.

LE PROPRIÉTAIRE.

A la garde !

Le propriétaire cherche à prendre le bâton ; — il s'empare d'un bout, Guignol de l'autre.

SCÈNE IV.

GUIGNOL, LE PROPRIÉTAIRE, LE GENDARME.

LE GENDARME.
Il passe d'abord doucement la tête et regarde.

Qui appelle au secours ?

LE PROPRIÉTAIRE.

Moi ! monsieur le gendarme. — Entrez — je tiens l'as-sassin.

LE GENDARME.

Il n'y a pas de danger, je peux donc entrer.

Il entre.

LE PROPRIÉTAIRE.

Venez ! venez m'aider à punir cet homme, qui a osé lever la main sur moi...

GUIGNOL.

Oh ! la main, le balai tout au plus.

LE GENDARME.

La main ? — Le balai ? Voyons, expliquez-vous sur ce point.

GUIGNOL *et le* PROPRIÉTAIRE, *ensemble.*

Voilà, c'est monsieur qui, malgré moi, n'a pas voulu sortir d'ici......

LE GENDARME.

Sapristi! si vous parlez tous les deux à la fois, nous ne pourrons jamais nous entendre !

GUIGNOL.

La voix est plus forte pourtant, en parlant à deux.

LE GENDARME.

Possible ! Mais un gendarme n'écoute pas comme les autres.

LE PROPRIÉTAIRE.

Voici le fait... ..

GUIGNOL, *l'interrompant.*

Non, voici...

LE PROPRIÉTAIRE, *même jeu.*

Monsieur....

GUIGNOL, *id.*

Est venu!

LE PROPRIÉTAIRE, *id.*

Je suis venu.

LE GENDARME.

Qui?..

GUIGNOL.

Moi!

LE GENDARME.

Lui...

GUIGNOL.

Non...

LE PROPRIÉTAIRE.

Oui...

LE GENDARME.

Comprends plus.

GUIGNOL.

C'est pourtant bien simple !

LE PROPRIÉTAIRE.

Très simple. Monsieur ne veut pas s'en aller.

GUIGNOL.

Non, c'est lui qui veut rester.

LE GENDARME.

Eh bien alors?

LE PROPRIÉTAIRE.

Mais puisque je vous dis...

LE GENDARME.

Silence! je comprends bien, mais je ne saisis pas encore.

GUIGNOL.

Si nous remettions cela à demain?

LE PROPRIÉTAIRE.

Comment, gendarme, vous n'allez pas le conduire en prison ?

LE GENDARME.

Si ça peut vous être agréable! D'ailleurs vous avez raison. Vous vous expliquerez bien mieux devant le commissaire. Allons, en route!

LE PROPRIÉTAIRE.

Moi aussi?

LE GENDARME.

Parbleu! tous les deux.

GUIGNOL.

C'est bien fait!

LE PROPRIÉTAIRE.

Ah! bandit! tu me le paieras.

GUIGNOL.

C'est ce que nous verrons.

LE GENDARME.

Allons, en route! Ah! sapristi, j'ai oublié mon sabre.

GUIGNOL.

Ça ne fait rien, je cognerai s'il ne marche pas.

LE PROPRIÉTAIRE, *furieux*.

Moi, un propriétaire, chez le commissaire !

LE GENDARME, *criant*.

Tout le monde chez le commissaire. Allons, en route!

GUIGNOL, *frappant sur le propriétaire*.

Allons, en route!

LE PROPRIÉTAIRE, *appelant*.

Gendarme !

GUIGNOL.

Marchez donc!

LE GENDARME.

C'est juste. Marchons!

ACTE II.

Chez le commissaire.

SCÈNE PREMIÈRE.

LE COMMISSAIRE *et* LE GENDARME *entrent.*

LE COMMISSAIRE.

Ainsi, gendarme, les prisonniers sont là?

LE GENDARME.

Ils sont là!

LE COMMISSAIRE.

Tous?

LE GENDARME.

Deux!

LE COMMISSAIRE.

Deux seulement?

LE GENDARME.

Ils n'étaient que deux, je ne pouvais pas en arrêter trois !

LE COMMISSAIRE.

Qui sait ! Enfin deux, c'est quelque chose, j'ai là votre rapport. Vous êtes entré, pendant qu'on criait au secours, vous avez vu deux hommes qui se battaient?

LE GENDARME.

Je les ai arrêtés.

LE COMMISSAIRE.

Vous avez eu raison. Il faut toujours arrêter ! Sans cela nous n'aurions rien à faire; je vais les interroger. Faites-les venir.

LE GENDARME.

Tous les deux?

LE COMMISSAIRE.

Tous les deux.

Le gendarme sort.

SCENE II.

LE COMMISSAIRE, LE GENDARME, GUIGNOL, LE PROPRIÉTAIRE.

LE COMMISSAIRE.

Ah! c'est vous les prisonniers! Approchez.

GUIGNOL.

Voilà.

LE PROPRIÉTAIRE.

Monsieur, je...

LE COMMISSAIRE.

Silence!

LE GENDARME, *glapissant.*

Silence!

LE PROPRIÉTAIRE.

Mais au moins...

LE COMMISSAIRE.

Silence!

LE GENDARME, *id.*

Silence!

LE COMMISSAIRE.

Maintenant, parlez.

LE PROPRIÉTAIRE.

Je suis propriétaire! j'ai loué une chambre à monsieur; cette chambre...

LE COMMISSAIRE.

Arrivez à l'affaire.

LE PROPRIÉTAIRE.

Mais j'y arrive, que diable! Donnez-moi le temps!...

LE COMMISSAIRE.

Silence!

LE GENDARME, *glapissant.*

Silence!

LE PROPRIÉTAIRE.

Il...

LE COMMISSAIRE.

Suffit! j'ai compris!

LE PROPRIÉTAIRE.

Mais je ne vous ai pas expliqué...

LE COMMISSAIRE.

Silence!

LE GENDARME, *id.*

Silence!

LE COMMISSAIRE.

A l'autre. Approchez-vous.

GUIGNOL, *s'approche.*

Votre nom?

GUIGNOL, *bégayant.*

Je... je... ne... ne (*Criant.*) Aïe!

LE COMMISSAIRE.

Comment il ne... ne...

GUIGNOL.

C'est le pro... pro... (*criant.*) Aïe!

LE COMMISSAIRE.

Eh bien! qu'est-ce qu'il a fait le pro... pro...

GUIGNOL.

Coup... coup... coup... (*A part.*) Aïe!

LE COMMISSAIRE.

Il a fait le coucou..

GUIGNOL., *fait signe que non.*

Non.

LE COMMISSAIRE.

Non!.. Ce garçon-là est idiot...

GUIGNOL, *bégayant.*

Oui... oui... oui...

LE COMMISSAIRE.

Il avoue au moins, celui-là. Voyons à vous, gendarme, racontez-moi ce qui s'est passé.

LÉ GENDARME.

Voilà! j'entre, je trouve ces deux particuliers, criant, et tenant chacun un bout d'un grand balai.

LE COMMISSAIRE.

Qui tapait?

LE PROPRIÉTAIRE, *désignant Guignol.*

Lui...

GUIGNOL, *désignant le propriétaire.*

Lui... (*Criant.*) Aïe !

LE COMMISSAIRE, *au propriétaire.*

C'est donc vous?

LE PROPRIÉTAIRE.

Mais pas du tout.

LE COMMISSAIRE.

Puisqu'il crie aïe! c'est qu'il a du mal.

LE PROPRIÉTAIRE.

Mais c'est moi qui devrais crier.

LE COMMISSAIRE.

Silence !

LE GENDARME, *glapissant.*

Silence !

GUIGNOL.

C'est le coup... coup... coup... qui m'a... m'a... m'a...
le... le...

LE COMMISSAIRE.

J'y suis. (*Appelant.*) Gendarme !

LE GENDARME.

Présent !

LE COMMISSAIRE.

Ce garçon était-il aussi idiot quand vous l'avez arrêté ?

LE GENDARME.

Je ne crois pas.

LE COMMISSAIRE.

Alors c'est clair ! ce sont les coups qui lui ont paralysé la langue. D'ailleurs il se plaint. (A *Guignol.*) Ça vous fait donc bien mal ?

GUIGNOL, *bégayant.*

Oui... oui... oui... (*Criant.*) Aïe !...

LE COMMISSAIRE.

J'en étais sûr.

LE PROPRIÉTAIRE.

Mais ce n'est pas vrai ; c'est un menteur, monsieur le commissaire. Il n'est pas bègue... vous vous trompez

LE COMMISSAIRE.

La justice ne se trompe jamais.

LE GENDARME.

Jamais !

LE PROPRIÉTAIRE.

Mais c'est moi qui ai reçu les coups.

LE COMMISSAIRE.

Prouvez-le. Où sont les marques ?

6

LE PROPRIÉTAIRE.

Je n'en ai pas, heureusement.

LE COMMISSAIRE.

Et bien alors ! Lui, il en a au moins ! Vous voyez que j'ai raison ; donc c'est vous que je condamne.

LE PROPRIÉTAIRE.

Condamné, moi ! pour avoir voulu me faire payer ce qu'on me devait. Elle est trop forte !

LE COMMISSAIRE.

C'est jugé. Il n'y a plus à revenir.

LE PROPRIÉTAIRE.

Mais...

LE COMMISSAIRE.

Silence !

LE GENDARME.

Silence !

GUIGNOL.

Silence !

LE COMMISSAIRE.

Vous resterez en prison, jusqu'à sa guérison.

LE PROPRIÉTAIRE.

Jusqu'à sa guérison ! Mais c'est affreux !

LE COMMISSAIRE.

Gendarme ! Emmenez monsieur, en prison, et ce pauvre garçon à l'hôpital.

LE PROPRIÉTAIRE.

Ah! le gueux ! le pendard ! j'étouffe !

LE COMMISSAIRE.

N'insultez pas votre victime !

GUIGNOL, *criant.*

Aïe ! (*Il s'approche du propriétaire. — Bas.*) Dites donc, mon bon propriétaire, mon aimable propriétaire, si vous voulez me donner quittance de mon terme, je vais essayer de guérir tout de suite.

LE PROPRIÉTAIRE.

Ah ! le brigand ! monsieur le commissaire, venez donc voir comme il mentait.

LE COMMISSAIRE.

Quoi ?

GUIGNOL, *criant très fort.*

Aïe !... Là, là, là ! Aïe !

LE COMMISSAIRE, *au propriétaire.*

Vous, si vous recommencez, je double la dose. En prison, et jusqu'à la guérison de ce pauvre malheureux.

GUIGNOL, *au propriétaire.*

Eh bien !

LE PROPRIÉTAIRE.

Tiens ! voilà la quittance ! voilà tout ! Mais dis vite que tu es guéri.

GUIGNOL, *bas.*

Merci. (*Haut.*) M'sieur le commissaire, je suis guéri.

LE COMMISSAIRE.

Ah ! bah !

LE PROPRIÉTAIRE.

Quand je vous le disais !

LE COMMISSAIRE.

Je ne me trompe jamais, n'est-ce pas, gendarme ?

LE GENDARME.

Jamais !

LE COMMISSAIRE.

Vous n'irez pas en prison, mais vous paierez l'amende tout de même.

GUIGNOL, *au propriétaire.*

Moralité : il ne faut jamais tracasser son locataire.

LE GENDARME.

Lirelonlaire !

GUIGNOL, *lui donnant un coup de bâton sur la tête.*

Salue donc mieux que ça.
Lirelonla !

(*Au public.*) Ainsi finit la comédie.

Rideau.

GUIGNOL EN ENFER

Pour Marcelle Boissier.

GUIGNOL EN ENFER

—

PERSONNAGES.

GUIGNOL. — LE DIABLE — L'APOTHICAIRE. — MAITRE
FÉBULARD. — DEUX DIABLES.

——

Chez Guignol

SCÈNE PREMIÈRE.

GUIGNOL, *seul, entrant.*

(*Chantant.*)

Vive la rouge bouteille,
Où sommeille,
Pris avec la grappe vermeille
Un peu du soleil qui la fit mûrir !

Ah! la, la, la! qu'il fait bon vivre, surtout avec des
écus dans ses poches. La vie, mais c'est encore ce qu'on
a inventé de meilleur en ce bas monde. Ceux qui s'en
plaignent sont des fous. Moi je trouve tout bien, tout
beau, tout bon. Je mange bien, je ne fais rien, je dors
bien; le lendemain je recommence. Et va comme je te
pousse! — Trouvez-moi une situation plus agréable. Je
n'ai plus de dettes. Mes créanciers disparus, envolés. La
cabaretière me fait crédit et mon propriétaire m'offre sa
fille en mariage! Allons, saute, Guignol! -- C'est égal,
j'ai tout de même la tête un peu lourde. Notre dîner a
décidément duré trop longtemps. Polichinelle et Pierrot
ronflent sous la table et Arlequin fait un pied de nez à
la lune. Je les ai laissés, les chers amis. J'avais hâte
d'être un peu seul. Puis le sommeil commençait à me
gagner moi aussi; et pour dormir, à une nappe de res-

taurant ou à une natte de salle à manger, je préfère
encore mon bon lit, où si doucement je m'enfonce entre
les chaudes plumes de mon matelas. Car je possède un
matelas! Le Guignol d'autrefois est mort et enterré tout
comme monsieur Marlborough! (*On entend sonner minuit.*)
Minuit, déjà. Vite au lit, Guignol, mon ami, dites bonsoir
et dormez tranquille jusqu'à demain matin; faites de beaux
rêves et pensez aux plats succulents que vous mangerez
demain.

Minuit sonne de nouveau, on frappe à la porte.

On frappe. A cette heure! (*On frappe plus fort.*) Qui peut
venir me déranger? (*Haut.*) Eh dites donc! vous repasserez
demain, je n'ouvre pas, je dors. (*On frappe encore.*) Ah! tu
sais, je vais cogner. (*Même jeu.*) C'est qu'il ne me laissera pas
dormir tranquille. Voulez-vous vous taire à la fin! Allez
vous coucher! (*Prêtant l'oreille.*) Tiens! il ne frappe plus, il
a bien fait. Je vous demande un peu s'il est raisonnable
de courir les rues à pareille heure, et par un temps
pareil!

SCÈNE II.

GUIGNOL, LE DIABLE.

LE DIABLE, *surgissant devant lui.*

Bonsoir, Guignol.

GUIGNOL, *reculant.*

Hein! qui est là? Qu'est-ce que c'est que cette mauvaise farce?

LE DIABLE.

Tu ne me reconnais pas.

GUIGNOL.

Attendez donc. Mais si, parfaitement. Ces cornes, cette fourche; vous êtes le diable!

LE DIABLE.

Tu l'as dit.

GUIGNOL, *lui tendant la main.*

Et ça va bien, autrement, depuis que je n'ai eu le plaisir de vous voir?

LE DIABLE.

Merci.

GUIGNOL.

Mais par où, *diable*, êtes-vous entré?

LE DIABLE.

Tu ne voulais pas m'ouvrir.

GUIGNOL.

Ah! c'est vous qui frappiez?

LE DIABLE.

Oui, c'était moi.

GUIGNOL.

Si j'avais su, croyez...

LE DIABLE.

Oh ! ça ne me gênait en rien. La porte fermée, j'ai passé à travers la muraille.

GUIGNOL.

Drôle d'idée! Enfin tous les goûts sont dans la nature.

LE DIABLE.

Et devines-tu pourquoi je suis ici?

GUIGNOL.

Pas du tout.

LE DIABLE.

Tu as la mémoire courte. Rappelle-toi, il y a un an, jour pour jour, à pareille heure....

GUIGNOL.

Et bien?

LE DIABLE.

Tu étais là, n'ayant pas dîné... Tu m'appelais à ton secours. Je vins... Tu demandais d'être riche; je te promis la richesse pendant un an, à une condition.

GUIGNOL.

Vous croyez...

LE DIABLE, *continuant.*

A cette condition que dans un an, à pareil jour, à pareille heure, tu m'appartiendrais.

GUIGNOL.

Pas possible!

LE DIABLE.

Tu as signé, j'ai le papier sur moi.

GUIGNOL.

Oh! vous savez, les papiers ça ne prouve rien.

LE DIABLE.

Tu ne peux te dédire: J'ai tenu ma promesse; il faut tenir la tienne. Aussi dépêche-toi; fais ton paquet et partons, je suis pressé. On nous attend chez moi.

GUIGNOL.

Eh là, comme vous y allez! Ainsi vous êtes sûr que...

LE DIABLE.

Parfaitement sûr.

GUIGNOL.

Et je ne peux pas me dédire.

LE DIABLE.

C'est écrit.

GUIGNOL.

Dites donc, si nous le renouvelions.

LE DIABLE.

Quoi?...

GUIGNOL.

Le papier.

LE DIABLE.

Impossible !

GUIGNOL.

Voyons, mon petit diable, mon cher petit diable, si
vous étiez bien gentil, bien mignon...

LE DIABLE.

Impossible! Nous partons.

GUIGNOL.

Accordez-moi un an. Si vous saviez, j'ai encore un
tas de choses à régler.

LE DIABLE.

Es-tu prêt?

GUIGNOL, à part.

Ah! si je pouvais cogner dessus. (Haut.) Mais...

LE DIABLE.

Ne discutons plus.

GUIGNOL, pleurant.

Oh! la! la! la!

LE DIABLE.

Nous partons.

GUIGNOL.

C'est loin?

LE DIABLE.

Ne t'inquiète pas...

GUIGNOL.

Mais cette année a été plus courte que les autres...

LE DIABLE.

Quel bavard tu fais! Allons...

GUIGNOL.

Vous savez — s'il faut prendre le bateau, je crains la
mer.

LE DIABLE, *le prenant par la main.*

Enlevé!

GUIGNOL.

Ah!

Ils disparaissent.

SCÈNE II.

L'Enfer. — La scène reste vide un moment, puis on entend la voix de Guignol.

GUIGNOL.

Hé là! Hé là! doucement, je ne peux plus respirer. Arrêtez! arrêtez! arrê...

Ils paraissent tous les deux.

LE DIABLE.

Nous voici arrivés.

GUIGNOL.

Crelotte! Quel voyage! j'aime encore mieux le chemin de fer de ceinture.

LE DIABLE.

Tu ne le regretteras bientôt plus.

GUIGNOL, *regardant autour de lui.*

Ainsi me voilà en enfer?

LE DIABLE.

Tout à fait.

GUIGNOL.

Sapristi! qu'il fait chaud.

7

LE DIABLE.

Oh! ce n'est rien encore. Tu n'es ici que dans le vesti-
bule. Ici à droite, l'entrée.

GUIGNOL.

Faites voir!

LE DIABLE.

On ne passe pas ! Une fois entré ici, on n'en sort plus.
La porte ne se rouvre jamais pour la même personne. Elle est fermée à sept serrures, et un seul mot
prononcé par moi pourrait la faire ouvrir. Ainsi...

GUIGNOL.

Oh! je n'essayerai pas. Du moment qu'il n'y a pas
moyen.

LE DIABLE, *lui montrant.*

Là, à gauche, la première salle de punition — celle où
l'on commence à vous faire griller de temps en temps,
avant de vous plonger dans la chaudière, histoire de
vous habituer.

GUIGNOL.

Brr!... Vous allez me faire...

Il fait le geste.

LE DIABLE.

Mais parfaitement...

GUIGNOL.

Comme un vulgaire merlan.

LE DIABLE.

C'est la punition qui commence. Tu as assez commis de méfaits sur la terre...

GUIGNOL.

Voyons, vous n'allez pas faire ça.

LE DIABLE.

Non, je vais me gêner! Attends-moi ici. Quand ce sera ton tour, on t'appellera. Moi, je vais présider à la mise sur le gril de votre ancien garde champêtre.

GUIGNOL.

Celui qui m'a si souvent dressé les procès-verbaux. Ça c'est bien fait.

LE DIABLE.

Tu le vois donc, punir c'est être juste. Allons, adieu!

GUIGNOL, *l'arrêtant.*

Monsieur le diable, voyons...

LE DIABLE.

Attends-moi là!

GUIGNOL.

Mais...

LE DIABLE.

Tu ne t'ennuieras pas. Tu rencontreras plus d'un vi-
sage de ta connaissance...

GUIGNOL, *voulant encore le retenir.*

Si nous remontions là-haut?

LE DIABLE.

Ton tour va venir!

GUIGNOL, *même jeu.*

J'ai oublié mon mouchoir!...

LE DIABLE.

On t'appellera. Prends patience. Ah! ah! tu vas y passer, mon ami Guignol! Ah! ah!

GUIGNOL.

Monseigneur, mon doux monseigneur, mon...

LE DIABLE, *s'en allant, riant.*

Ah! ah! ah!

SCÈNE III.

GUIGNOL, *seul.*

Gueusard! bandit! vaurien! Ah! si tu n'avais pas la peau si dure, ce que je t'aurais cogné!. Voyez-vous ça! Le gril! La marmite! Ah! non alors! Et moi qui étais bien tranquille. Je ne me méfiais de rien. Il m'a joué, et moi je me suis laissé prendre. Oh! mais, ça ne va pas se passer comme ça, je veux m'en aller. (*Il va à la porte.*) Cordon, s'il vous plaît! Rien. Le concierge doit être sorti. L'ouvrir, impossible. Il doit y avoir un autre chemin. Je ne parle pas de celui que nous avons suivi, nous allions si vite que je n'y ai rien vu. Mais un autre. Cherchons. Car je ne veux pas être grillé moi ! qu'il se fasse griller lui-même, si ça lui fait plaisir ! Je n'aime pas la chaleur. (*Regardant au fond.*) Ah! quelqu'un.

SCÈNE IV.

GUIGNOL, L'APOTHICAIRE.

GUIGNOL.

Pas possible? Maître Bertuchon, notre ancien apothicaire, ici en enfer?

L'APOTHICAIRE.

Tiens! Guignol!

GUIGNOL.

Vous ici?

L'APOTHICAIRE.

Parfaitement!

GUIGNOL.

Eh bien! ça ne m'étonne pas, vous étiez assez voleur, au
temps où vous teniez boutique sur la grand' place; ce
que vous nous avez vendu de fioles d'eau claire comme
remèdes!

L'APOTHICAIRE.

C'est vrai. Mais tous les apothicaires font de même.

GUIGNOL.

Il l'avoue.

L'APOTHICAIRE.

Oui — pourquoi le cacherais-je? D'ailleurs nous sommes presque tous ici, et puis maintenant tu ne peux pas aller le raconter. Entré ici, on n'en sort plus sans permission. Aussi, tu le vois, je porte moi-même mon morceau de bois, pour alimenter le feu.

GUIGNOL.

Ah! vous allez...

L'APOTHICAIRE.

Oui, sur le gril.

GUIGNOL.

Ça doit vous gêner sur le moment?

L'APOTHICAIRE.

Tu verras ça tout à l'heure.

GUIGNOL, *à part.*

J'ai envie de me payer un petit acompte sur lui...

UNE VOIX, *au dehors.*

L'apothicaire!

L'APOTHICAIRE.

Tu vois, on m'appelle.

GUIGNOL, *le cognant avec sa tête.*

Et va donc ! va donc ! face à plâtre ! Mais va donc, moule
à singe !

L'apothicaire s'enfuit.

GUIGNOL.

Ouf ! ça soulage. Reprenons notre inspection maintenant. Il est impossible que je ne trouve pas un moyen de
sortir d'ici. J'aurais bien interrogé l'apothicaire, mais je
me suis méfié ; un apothicaire, ça ne regarde jamais les
gens en face. Si cependant je rencontrais quelqu'un.. Ah !
là-bas... quelqu'un s'avance. Oui... Non. Si... mais c'est
lui. Le magister Férulard, mon ancien maître d'école :
Le garde champêtre, l'apothicaire, le maître d'école ! Ils
y sont donc tous, ceux de mon pays. Crelotte. Ah ! c'est
bien lui, je le reconnais à sa calotte de velours, marchant en faisant de grands gestes, parlant tout seul.
Pourra-t-il me renseigner ? Essayons.

SCÈNE V.

MAITRE FÉRULARD, GUIGNOL.

GUIGNOL.

Eh! bonjour, maitre Férulard.

MAITRE FÉRULARD.

Ave... Guignol.

GUIGNOL.

S'il vous plait !

MAITRE FÉRULARD.

Ou bien : *Salutem do tibi...*

GUIGNOL.

Si vous vouliez bien ne pas parler chinois.

MAITRE FÉRULARD.

Pauvre ignorant!

GUIGNOL.

Laissez-moi donc en repos. Un conseil, vite, je suis pressé, on peut m'appeler à tout instant. Connaissez-vous un chemin pour sortir d'ici?

MAITRE FÉRULARD.

Sais-tu ce que c'est que sortir?

GUIGNOL.

Eh bien?

MAITRE FÉRULARD.

Sortir est le contraire d'entrer ; c'est-à-dire une action qui par un simple changement des propositions, avec une action identique, produit des effets différents. D'où différence, partie de la définition de la définition d'après les philosophes, *dixi* : *genere proximo* et *differentia propria.*

GUIGNOL.

Il est encore plus bête que là-haut ! (*Haut.*) Vous êtes encore plus bête que là-haut.

MAITRE FÉRULARD.

Bête? Sais-tu ce que c'est que bête? La bête, c'est la partie animale de notre individu... Or notre individu étant...

GUIGNOL.

Ce que la main me démange... (*Criant.*) Connaissez-vous un chemin pour sortir d'ici?...

MAITRE FÉRULARD.

On peut ignorer certaines choses que l'on sait. Ainsi...

GUIGNOL.

Oh! ce n'est pas sur le gril qu'il devrait aller celui-là, c'est dans le bocal aux cornichons!

MAITRE FÉRULARD.

Tu disais donc, Guignol, mon ami, que ton esprit s'égarant en de vagues conceptions cherchait *a priori* une porte, laquelle porte, devait primo, être, secundo, pouvoir.

GUIGNOL.

Ah! zut! (*Il cogne de la tête.*) Tiens! voilà primo, secundo, difinitivo, et tout le reste. Et aïe donc! Et aïe donc!

Lazzis.

MAITRE FÉRULARD.

Ce qui ne m'empêchera pas de protester...

GUIGNOL, *même jeu.*

Tiens! proteste...

LA VOIX, *appelant.*

Maitre Férulard!

GUIGNOL, *même jeu.*

Mais va donc! on t'appelle!

Maitre Férulard parait et reparait encore deux fois et Guignol frappe dessus chaque fois.

GUIGNOL, *seul.*

Eh bien ! s'ils sont tous aussi bêtes, ça va être gai ! — (*Il regarde.*) Avec ça, l'appel qui continue. Ah ! y en a-t-il, y en a-t-il ! Mais je les connais tous ceux-là. Voilà le notaire, la vieille cabaretière, le maréchal-ferrant, le gendarme. Le curé peut en dire, des messes ! Et mon tour qui va venir ! Mon nom qu'on va appeler ! Il faudra répondre. Que faire ? le diable commande ici. Par la force, rien à faire ; s'il n'y avait qu'à l'assommer je m'en chargerais bien. Mais l'assommer ce n'est guère possible. Si je pouvais lui reprendre mon billet ; si je pouvais même mettre un pied dehors, le reste suivrait bien, et une fois dehors, sauvé....

LA VOIX, *appelle.*

Guignol !

GUIGNOL.

Vlan ! Ça y est. C'est à mon tour.

La voix reprend.

GUIGNOL.

On y va ! on y va ! C'est-à-dire que ça ne me va pas du tout d'y aller, mais du tout.

La voix reprend.

GUIGNOL.

Quel raseur ! On y va ! Et pas une issue, pas un trou où me cacher ; pas une armoire où disparaître ! (*Tremblant.*)

Il me semble déjà être sur le gril ! Ah ! saint Bonaventure, mon patron, quel cierge je te brûlerais, si je sortais d'ici ; gros comme un mât de misaine.

SCÈNE VI.

LE DIABLE, GUIGNOL.

LE DIABLE.

Eh bien ! Guignol ! mon ami, tu n'entends donc pas ? On t'appelle, allons ! viens, mon petit ! Viens. Le gril est tout rouge, le feu bien ardent. On n'attend plus que toi ! Allons !

GUIGNOL, *se reculant, à part.*

Si je pouvais te mordre, toi. *(Haut.)* Si nous remettions ça à demain ?

LE DIABLE.

Tu ne veux pas venir ?

GUIGNOL.

Non !

LE DIABLE.

Holà ! mes serviteurs !

GUIGNOL.

Quès aco ?

Deux diables paraissent.

LE DIABLE.

Empoignez-moi ce particulier-là, et portez-le sur le gril.

GUIGNOL, *aux deux diables.*

Voulez-vous bien me lâcher, vous autres!

LE DIABLE.

Empoignez!

Les deux diables et Guignol se débattent.— Lazzis.— Bataille.— Finalement, Guignol s'empare d'une des fourches et assomme les deux diables, qui s'enfuient en poussant des cris.

GUIGNOL.

Si vous en voulez encore, j'en ai autant à votre service!

LE DIABLE.

Guignol! je vais te faire rôtir tout vif.

GUIGNOL.

Faudra d'abord me mettre dans la poêle.

LE DIABLE.

Je vais appeler d'autres diables.

GUIGNOL.

J'ai la fourche, et vous avez vu si je sais m'en servir!

LE DIABLE.

Tu t'en servirais même contre moi!

GUIGNOL.

Oh! la la! Mais je cognerais double, mon petit père!
Tu vas voir la jolie révolution que je vais te préparer
ici; j'en ferai tant que mieux vaudrait, vois-tu, me renvoyer tout de suite.

LE DIABLE.

Te renvoyer! Jamais de la vie, j'ai bien eu trop de
peine à t'avoir.

GUIGNOL.

Alors, gare! Une fois, deux fois! tu ne veux pas?

LE DIABLE, *le menaçant de sa fourche.*

Tremble!

GUIGNOL., *lui donnant un coup de la sienne.*

Reçois!

LE DIABLE, *même jeu.*

Je te ferai bouillir dans une marmite d'huile!

GUIGNOL., *même jeu.*

Pile! face! A qui la belle?

Lazzis.

LE DIABLE.

Voyons, raisonnons! (A *part.*) Je vais tâcher de le persuader: il m'ameuterait tout l'enfer. (*Haut.*) Raisonnons.

GUIGNOL.

Je le veux bien. Mais de loin.

LE DIABLE.

Pourquoi ne pas te laisser persuader?

GUIGNOL.

Oh! la persuasion... pour aller sur le gril.

LE DIABLE.

Eh! si je t'accordais quelques douceurs?

GUIGNOL.

Sortir?

LE DIABLE.

Oh! non. Cela, impossible. Je le voudrais que je ne le pourrais pas.

GUIGNOL.

Ah!... une idée. Jurez-moi de m'accorder ce que je vais vous demander, et je suis à vous...

LE DIABLE.

Tu ne me demanderas pas de t'en aller?

GUIGNOL.

Non!

LE DIABLE.

Alors, je le jure!

GUIGNOL.

Devant témoins! Je n'ai pas confiance.

LE DIABLE, *à part.*

Quand je te tiendrai, toi, tu me payeras tout cet arriéré. (*Il appelle.*) Holà!

Les deux diables reparaissent et reculent à la vue de Guignol.

GUIGNOL.

Oh! n'ayez pas peur. Il s'agit de choses sérieuses.

LE DIABLE.

Es-tu content !

GUIGNOL.

Jurez!

LE DIABLE.

Je le jure.

GUIGNOL.

Bien... Voici... Avant d'aller me faire rôtir, j'éprouve le besoin de jeter vers ce que je laisse un dernier regard. Je ne vais plus rien voir des belles choses que tant j'aimais... Entr'ouvrez-moi un peu la porte. Laissez-moi passer seulement le bout de mon nez, et je vous suis immédiatement.

LE DIABLE.

Tu n'essaieras pas de sortir !

GUIGNOL.

Je vous le promets !

LE DIABLE.

Bien. (*Aux diables.*) Ouvrez-lui la porte, mais tenez-la bien. (*Les diables ouvrent la porte.*) Très étroite...

8

GUIGNOL.

Parfait! Maintenant, attention! Le bout de mon nez, je l'ai juré, — seulement, je commence de l'autre côté.

Il se retourne et sort à reculons.

LE DIABLE.

Mais!

GUIGNOL.

C'est juré! (*Il passe.*) Et aïe donc! Et aïe donc!

LE DIABLE.

Je suis joué.

GUIGNOL.

En plein. (*Il sort à reculons, puis donne un coup de tête dans la poitrine du diable.*) Bonsoir la compagnie.

Il disparaît et ferme la porte.

LE DIABLE.

Enfermés! Il est sorti! Nous ne pourrons plus le ravoir!

GUIGNOL, *passant sa tête par l'œil de bœuf au-dessus de la porte.*

Bien des choses chez vous. Et excusez-moi si je ne vous reconduis pas!

LE DIABLE.

Si jamais je te repince...

GUIGNOL.

Se laisser prendre deux fois! C'est bon pour les imbéciles, comme toi!

LE DIABLE.

Les autres paieront pour toi, garnement!

GUIGNOL.

Moralité : *Quand on n'a pas ce que l'on aime, il faut prendre ce que l'on a.*

(Au public.) Ainsi finit la comédie.

Rideau.

LES CHASSEURS ET L'OURS

Pour Daniel Faure.

LES CHASSEURS ET L'OURS

PERSONNAGES :
GUIGNOL. — LE GENDARME. — LE COMMISSAIRE. — L'OURS.

La grande place du village.

SCÈNE PREMIÈRE.

GUIGNOL, *entre tristement.*

Oh ! là, là, que j'ai le ventre creux. On dit qui dort

dine. En voilà un mensonge ! j'ai essayé de dormir, j'ai eu faim tout le temps, et plus encore au réveil. Et avec cela j'ai fait des rêves, mais des rêves de pâtissier. Ce qu'il en a passé devant mes yeux de dindes farcies, de tartes à la crème et de nougatines appétissantes ! — Tout cela se promenait, dansait, semblait me faire signe. Moi je m'avançais doucement, j'envoyais la main, et je n'attrapais rien. Toutes ces jolies choses s'envolaient dans l'air comme une nuée de passereaux moqueurs. Au réveil, je me suis retrouvé devant l'armoire vide. Il y avait bien une assiette... mais rien dedans. Cristi ! Où trouverai-je mon déjeuner d'aujourd'hui ? Je voudrais bien être à demain pour vous répondre.

SCÈNE II

GUIGNOL, LE GENDARME.

LE GENDARME, *marchant vite et comptant ses pas.*
Une, deux, une, deux !

GUIGNOL.
Tiens, le gendarme. Ça va bien ?

LE GENDARME, *id.*
Très bien. Une, deux, une, deux !

GUIGNOL.

Vous êtes donc bien pressé ?

LE GENDARME, *id.*

Toujours pressé. Une, deux, une, deux!

GUIGNOL, *lui donnant un coup de bâton.*

Trois! Arrête-toi donc!

LE GENDARME *s'arrêtant.*

Halte!... Front!

GUIGNOL.

Nous sommes d'accord.

LE GENDARME.

Voyons — que désirez-vous ?

GUIGNOL.

Mais savoir où vous allez.

LE GENDARME.

Impossible.

GUIGNOL.

Pourquoi?

LE GENDARME.

C'est un secret.

GUIGNOL.

Justement, un secret se garde bien mieux à deux.

LE GENDARME.

Vous croyez?

GUIGNOL.

J'en suis sûr. C'est un grand savant qui l'a dit. Je ne
ne souviens plus exactement de ses propres paroles. Mais
:'était quelque chose dans ce genre.

LE GENDARME.

Eh bien! écoutez. Il y a un ours.

GUIGNOL, *recule, effrayé.*

Un ours!

LE GENDARME, *même jeu.*

Oui.

GUIGNOL.

Quoi?

LE GENDARME.

L'ours?

GUIGNOL.

Il est là?

LE GENDARME.

Lequel?

GUIGNOL.

Celui dont vous me parlez.

LE GENDARME.

Mais non! Puisque je vais à sa recherche. Est-il possiblo de trembler comme ça! Pauvro nature ! Ah ! on voit bien que vous n'avez jamais été gendarme. Je ne vous dis pas : il y a un ours; mais il y a un ours...

GUIGNOL.

Eh bien ?

LE GENDARME.

Il y a un ours qu'on a vu...

GUIGNOL.

Ah...

LE GENDARME.

Qu'on a vu rôder dans les environs. Il est très gros, tout noir, avec des dents longues comme ça.

GUIGNOL.

Vous les avez vues?

LE GENDARME.

Non. On me l'a dit. C'est la mère Michel qui l'a vu se glisser derrière les arbres, hier à la tombée de la nuit; elle longeait la lisière du petit bois. Tout à coup elle a vu passer quelque chose de noir entre les arbres. Elle en a eu si peur qu'elle a laissé échapper son chat. Et depuis elle pleure, l'appelant, demandant qu'on le lui rende. Elle est venue tout en larmes se plaindre à monsieur le commissaire. Monsieur le commissaire...

Il porte la main à son chapeau.

GUIGNOL.

Pourquoi donc vous grattez-vous la tête chaque fois que vous dites : monsieur le commissaire?

LE GENDARME.

Je ne me gratte pas, je salue, je salue l'autorité.

GUIGNOL.

Ah ! très bien, grattez:.. non, saluez tout à votre aise, mais vous savez, ça doit être fatigant à la longue.

LE GENDARME.

Je recommence. Monsieur le commissaire alors m'a dit : Gendarme, prends ton sabre, tu iras chercher l'ours, tu le prendras, tu l'enchaîneras, et tu me l'amèneras ici pour que je le condamne.

GUIGNOL.

Et vous croyez qu'il se laissera faire?

LE GENDARME.

Je lui parlerai au nom de la loi.

GUIGNOL.

C'est ça. — Bonsoir.

LE GENDARME.

Vous ne voulez pas venir avec moi?

GUIGNOL.

Pourquoi faire ?

LE GENDARME.

Chercher l'ours. — Car — j'oubliais le principal — après

que nous l'aurons enchaîné et condamné, monsieur le commissaire invite tout le monde à dîner.

GUIGNOL.

Tout le monde?

LE GENDARME.

Ceux qui auront contribué à arrêter l'ours.

GUIGNOL.

Ils sont nombreux?

LE GENDARME.

Il y a moi.

GUIGNOL.

Et puis...

LE GENDARME.

Pas davantage. Mais si vous voulez vous joindre à moi...

GUIGNOL.

Attendez! (*A part.*) — L'heure s'avance — le dîner ne paraît pas. Ma foi, je n'ai pas le choix, j'accepte. (*Haut.*) J'accepte, je vais avec vous — à une condition pourtant, c'est que quand vous lui parlerez au nom de la loi, vous me passerez votre grand sabre.

LE GENDARME.

Poltron!

GUIGNOL.

— Tiens! — cet autre— le courage, c'est votre métier.
— La poltronnerie c'est encore de la sagesse. (A part.) Je
le ferai passer devant. Si l'ours avait faim, pendant qu'il
en mangerait un, l'autre pourrait s'échapper.

LE GENDARME.

Partons-nous?

GUIGNOL.

Encore un mot. C'est sérieux, le diner?

LE GENDARME.

Sans doute. Un gendarme ne plaisante jamais. — Une,
deux !

Il se remet en marche.

GUIGNOL.

Attendez-moi donc !

Il sort derrière lui.

SCENE III.

La forêt.

L'OURS.

*Il sort de la forêt et se promène en grognant, passant sa grosse
langue rouge sur ses babines. Il regarde au loin s'il ne voit rien
venir, puis il étend ses pattes comme s'il s'ennuyait et ouvre sa*

mâchoire toute grande en bâillant bruyamment. Tout à coup il pousse un grognement de satisfaction. Il entend venir quelqu'un. Il sent que des hommes s'approchent. Mais il a peur; il va se cacher derrière les arbres.

SCÈNE IV.

GUIGNOL *et* LE GENDARME.

GUIGNOL.

Passez devant! Passez devant, gendarme! Honneur aux hommes d'épée!

LE GENDARME.

Tu n'as donc pas de courage?

GUIGNOL.

Si, mais j'ai encore plus de prudence.

LE GENDARME.

Tu as peur!

GUIGNOL.

Vous exagérez; je ne me sens pas à mon aise : voilà tout.

LE GENDARME.

Eh bien! q'eust-ce que tu fais là?

GUIGNOL, *s'asseyant.*

Je m'assieds un moment, je suis si fatigué.

LE GENDARME.

Paresseux!

GUIGNOL.

Dame! je n'ai pas de grandes bottes comme vous! — Les bottes, ça aide à marcher.

LE GENDARME.

Allons, viens donc !

GUIGNOL.

Tout à l'heure.

LE GENDARME.

Nous perdons un temps précieux.

GUIGNOL.

Précieux, pourquoi?

LE GENDARME.

Parce que nous pourrions déjà nous mettre à fouiller les buissons.

GUIGNOL.

C'est ça, fouillez tout seul. Moi, je vous attends.

L'OURS, *grognant.*

Hou! Hou!

LE GENDARME, *tremblant.*

Ah! mon Dieu !

GUIGNOL, *id.*

Quoi!

LE GENDARME, *bégayant, pris de peur.*

As-tu en... en...ten... ten... du?

GUIGNOL, *id.*

Oui... oui... si nous filions.

LE GENDARME.

Du cou... cou... ra... ra... ge...

GUIGNOL.

Je n'ose pas me retourner.

LE GENDARME.

Moi non plus...

GUIGNOL.

Tirez votre sabre...

LE GENDARME.

Je ne le trouve plus...

L'OURS, *paraissant.*

Hou! Hou!

LE GENDARME *et* GUIGNOL, *tombant face contre terre.*

Ah!

GUIGNOL.

Je suis mort!

L'OURS *s'approche joyeux. Il vient à Guignol et le flair*

GUIGNOL, *redressant un peu la tête.*

Il me chatouille!

9

L'OURS, *semble réfléchir un moment.*

GUIGNOL, *id.*

Il se consulte : Il me trouve trop maigre! Si je pouvais lui dire que je suis à jeun depuis vingt-quatre heures.

GUIGNOL, *doucement.*

Gendarme? (*Il relève un peu la tête.*) Ah ! mon Dieu!

L'OURS, *avale le gendarme.*

GUIGNOL.

Tout y passe, même les bottes !

L'OURS *est content; il a bien mangé.*

GUIGNOL.

Pauvre gendarme!

L'OURS *grogne.*

GUIGNOL.

Il demande son café, maintenant.— Si j'essayais.....

L'OURS, *son appétit satisfait, s'accroupit contre un arbre, ne quittant pas des yeux Guignol.*

GUIGNOL.

Et pas moyen de lui brûler la politesse ? — Il me guette, le chenapan ! Si je tâchais de le persuader?

L'OURS *a soif.*

GUIGNOL.

Oh ! quelle idée ! J'ai dans ma poche une bouteille de vin achetée le long de la route par ce pauvre gendarme;

nous l'avons à peine entamée. — Si je la lui offrais? Il doit avoir soif, et une bonne manière en appelle une autre. (*Appelant.*) Pstt ! Pstt !

L'OURS, *le regarde.*

GUIGNOL, *tirant la bouteille de sa poche et la lui montrant.*

Bouteille, bon vin, pour toi, boire. (*A part.*) Je lui parle nègre, il comprendra mieux.

L'OURS *fait signe que oui.*

GUIGNOL.

Il accepte. Voilà !

L'OURS *prend la bouteille.*

GUIGNOL.

Et maintenant adieu.

Il veut s'en aller tout doucement.

L'OURS *le retient avec sa patte.*

GUIGNOL.

Comment tu ne veux pas?

L'OURS *fait signe que non.*

GUIGNOL, *à part.*

Il tient à ma compagnie. (*Haut*). Le temps d'aller acheter quelques cigares et je reviens.

L'OURS, *grognant.*

Hou ! Hou !

GUIGNOL.

Il ne croit pas aux cigares ! Je lui ai pourtant donné ma

bouteille ! Et il la boit ! le gredin. Hein, c'est bon, n'est-ce
pas, vieux brigand?

L'OURS *se gratte le ventre, il a tout bu, il lui remet
la bouteille.*

GUIGNOL.

Il rend le verre ! Et dire qu'il va falloir tout à l'heure
que j'aille retrouver ce pauvre gendarme ! C'est vrai
qu'il ne doit pas s'amuser tout seul là dedans.(*Regardant
l'ours.*) Eh bien ! qu'est-ce qu'il lui prend?

L'OURS, *commence à donner des signes d'une gaieté folle. — Il
gesticule, il marche, en trébuchant, regardant Guignol, mettant
la main sur son cœur.*

GUIGNOL.

Il me fait des mamours maintenant. Ah ! mon Dieu,
mais il est gris ! C'est le vin.

L'OURS, *s'avance vers lui, lui faisant signe.*

GUIGNOL.

Comment il veut que je danse avec lui maintenant! Va
te promener.

L'OURS *est très navré, il pleure, il lui prend son mouchoir et
s'essuie les yeux.*

GUIGNOL.

Comment tu pleures, mon pauvre vieux ; ce n'est rien ;
ce sont les bottes que tu ne digères pas !

L'OURS *fait signe qu'il a sommeil.*

GUIGNOL.

Tu as sommeil, dors ! *(Sur un nouveau signe)* Sois sans inquiétude, je ne m'en irai pas, je te le promets ; tu comptes sur moi pour ton souper, sois tranquille, je ne te ferai pas défaut.

L'OURS *s'endort.*

GUIGNOL.

Il dort ! Sauvé. Tra, deri dera! Tra la la la ! Filons ! *(S'arrétant.)* Ah ! non cependant ! Nous avons un compte à régler ensemble. *(Il va prendre un bâton.)* Chassons-lui les mouches. *(Il assomme l'ours qui ne fait entendre que de sourds grognements, mais ne peut pas se réveiller.)* Tiens, vieux brigand, chenapan, voleur, goinfre, ivrogne! Et le gendarme disait que j'étais un poltron, je le défie de faire ce que je fais.

On entend une voix crier au loin:

« Gendarme ! gendarme ! »

GUIGNOL.

Eh ! c'est monsieur le commissaire ! Par ici ! par ici ! monsieur le commissaire. Nous tenons l'ours.

SCÈNE V

Les Mêmes, LE COMMISSAIRE.

LE COMMISSAIRE.

Tiens ! Guignol.

GUIGNOL, *fièrement.*

Moi-même ! Et voici mon adversaire.

LE COMMISSAIRE. *Il recule.*

L'ours !

GUIGNOL.

N'aie donc pas peur... il est mort.

LE COMMISSAIRE, *s'approchant.*

Mais il remue encore.

GUIGNOL, *s'essuyant le front..*

Ah ! Ce fut une rude bataille ! Quel combat, monsieur le commissaire. Quel gigantesque combat ! Non, on vous le raconterait que vous n'oseriez pas y ajouter foi.

LE COMMISSAIRE.

Vous êtes sûr qu'il est bien mort ?

GUIGNOL.

C'est tout comme. A preuve....

Il le frappe.

LE COMMISSAIRE.

Ça ne prouve rien.

GUIGNOL.

Comment. (*Lui donnant un coup de bâton.*) Qu'est-ce que vous faites ?

LE COMMISSAIRE.

Je fais aïe !

GUIGNOL.

Le fait-il? lui.

LE COMMISSAIRE.

Non!

GUIGNOL.

Eh bien! alors... D'ailleurs, pour plus de sûreté, nous allons le ficeler.

Il va chercher une corde et l'enchaîne.

LE COMMISSAIRE.

Sans que je le juge?

GUIGNOL.

Vous le jugerez après. Aidez-moi.

LE COMMISSAIRE.

Et à ce propos, le gendarme, où est-il allé?

GUIGNOL.

Le gendarme! Ah! il est quelque part où point vous ne pouvez le rencontrer. Il est là.

LE COMMISSAIRE.

Où?

GUIGNOL, *lui montrant le ventre de l'ours.*

Là dedans.

LE COMMISSAIRE.

Il est....

GUIGNOL.

A alé, comme un simple pruneau. Ah! je n'aurais

jamai• cru qu'un gendarme s'avalât aussi facilement!
Pauvre ami, dire qu'il est là et que nous pourrions frapper
à la cloison, (*Même jeu que plus haut.*) il ne nous répondrait
pas !

LA VOIX DU GENDARME.

Guignol !

GUIGNOL.

Ah ! mon Dieu ! qui m'appelle ?

LE COMMISSAIRE.

Mais c'est la voix du gendarme?

GUIGNOL.

Qu'est-ce que vous faites là-dedans?

LA VOIX DU GENDARME.

Je voudrais bien sortir, je m'ennuie.

GUIGNOL.

Vous n'êtes donc pas mort?

LA VOIX DU GENDARME.

Non.

LE COMMISSAIRE.

Si vous essayiez de trouver la sortie?

LA VOIX DU GENDARME.

C'est qu'il fait nuit comme dans un four.

GUIGNOL.

Si on lui passait des allumettes ?

LA VOIX DU GENDARME.

Attendez! j'y suis.

GUIGNOL.

Poussez fort.

L'OURS, *semble se tordre.*

LE COMMISSAIRE.

Il y a du tirage.

GUIGNOL.

Je voudrais bien vous y voir vous, si vous aviez avalé
un gendarme.

Le gendarme reparaît.

GUIGNOL.

Le voilà!

LE COMMISSAIRE.

Complet?

LE GENDARME.

Sauf une botte.

GUIGNOL.

Il n'a pas tout rendu.

LE GENDARME.

Ah! quel voyage! C'est effrayant ce que j'ai vu! Et lui,
où est-il?

GUIGNOL.

Là!

LE COMMISSAIRE.

Ficelé?

GUIGNOL.

Je l'ai assommé à coups de bâton.

LE GENDARME.

Je les ai sentis.

GUIGNOL.

Ah! bah!

LE GENDARME.

Oui. Ça me secouait même as- z fort par moment!

GUIGNOL.

Je le regrette. Mais si nous allions dîner maintenant?

LE COMMISSAIRE.

C'est juste. Nous allons fêt à table cette belle v:c
toire.

GUIGNOL.

Dépêchons-nous donc.

LE COMMISSAIRE.

Et l'ours!

GUIGNOL.

Le gendarme le traînera... Il lui doit bien ça.

LE COMMISSAIRE.

Mais tout cela ne nous dit pas, Guignol, comment seul,

avec un simple bâton, vous êtes arrivé à vous défaire d'un aussi redoutable adversaire?

GUIGNOL.

A table je vous raconterai cela. Quant à mon bâton, je vous le recommande. C'est une jeune branche que j'ai coupée moi-même à la cime d'un peuplier, un soir, à la clarté de la lune, sur les bords de la Garonne.

LE GENDARME, *allant pour charger l'ours.*

Où est-ce situé, la Garonne?

GUIGNOL, *lui donnant un coup de bâton.*

Mais... dans la lune !

LE COMMISSAIRE.

Guignol, nous vous élèverons une statue sur la grande place.

GUIGNOL.

Non... Si ça ne vous fait rien, je préférerais mon buste... à cheval !

(*Au public.*) Ainsi finit la comédie.

Rideau.

LES

NOCES DE POLICHINÉLLE

LES NOCES DE POLICHINELLE

PERSONNAGES :

POLICHINELLE. — PIERROT. — GUIGNOL. — M. MARCUCHET.
MADAME MARCUCHET. — LA MARIÉE. — ROSETTE.
LE MAIRE.

Un salon chez Monsieur Marcuchet.

SCÈNE PREMIÈRE.

MONSIEUR MARCUCHET, *entrant. Il est en habit noir. Il va à la pendule.*

Déjà dix heures... je commence à être inquiet... Mon

gendre devrait être ici.—Quand je dis mon gendre, c'est
mon futur gendre que je devrais dire. Car aujourd'hui
même, ce matin, je marie ma fille, ma fille unique à monsieur Polichinelle, un excellent parti, un homme sérieux,
d'âge mûr, bien fait de sa personne malgré ses deux
bosses. Il devait arriver à neuf heures avec ses deux
témoins, deux personnages de haute condition, m'a-t-il
dit. Il est dix heures et il n'est pas encore arrivé! Tout
le monde est prêt. Ma fille a mis sa robe blanche, son
bouquet de fleur d'oranger. Moi, j'ai passé mon habit
noir. Le maire a ceint son écharpe. Nous n'attendons
plus que le futur et ses deux témoins. (*On sonne.*) Ah!
enfin, les voilà !

SCÈNE II.

MARCUCHET, PIERROT, GUIGNOL, POLICHINELLE.

MARCUCHET.

Et arrivez donc, mon gendre, j'étais d'une impatience...

POLICHINELLE.

Mes deux témoins n'étaient pas prêts.

MARCUCHET.

Ah! ces messieurs sont...

POLICHINELLE.

Les amis dont je vous avais parlé...

MARCUCHET, *bas.*

De hauts personnages?...

POLICHINELLE, *id.*

De très hauts personnages. (*Haut, les présentant.*) Monsieur Pierrot et Monsieur Guignol.

MARCUCHET, *saluant.*

Messieurs, je suis vraiment pénétré de l'honneur de...

GUIGNOL, *lui donnant un renfoncement.*

C'est bon, c'est bon, fais pas tant ta poire, vieux pot à moutarde ! nous savons ce que parler veut dire.

MARCUCHET.

Pot à moutarde !

PIERROT.

Vieux chaudron fêlé ! si vous aimez mieux.

MARCUCHET.

Mais...

POLICHINELLE.

Faites pas attention, beau-père. Ils ont le cœur sur la main. (*Bas.*) Tenez-vous bien, que diable !

PIERROT.

N'aie pas peur ! (*A Marcuchet.*) A quelle heure tortille-t-on ?

10

MARCUCHET.

Hein?

GUIGNOL.

On te demande à quelle heure on mange. Tu ne comprends donc pas le français?

MARCUCHET, *étonné.*

Mais après la cérémonie. (*A part.*) Pour de hauts personnages, je les trouve un peu familiers.

GUIGNOL.

Eh bien ! dépêchons-nous.

PIERROT.

Bâclons vite la petite fête. J'ai une faim de tous les diables !

GUIGNOL.

Et moi. (*A Marcuchet.*) Va chercher ton rejeton.

PIERROT.

Ton singe.

MARCUCHET.

Mais...

GUIGNOL, *lui donnant un renfoncement.*

Ta fille, donc! Est-il bête.

MARCUCHET, *à Polichinelle.*

Dites donc, je trouve les façons d'agir de vos amis un peu... brusques.

POLICHINELLE, *bas,*

Ils ont tant voyagé! Mais vous vous y ferez à la longue.

MARCUCHET, *se frottant la tête.*

Je les trouve néanmoins un peu trop directes... (*Haut, à Pierrot et à Guignol.*) Messieurs, je vais chercher la mariée et madame Marcuchet.

GUIGNOL, *même jeu que plus haut.*

Eh! va donc, vieux blagueur!

M. Marcuchet tombe sur Pierrot qui le repousse sur Guignol.

PIERROT.

Marchand de coco!

GUIGNOL, *le poussant dehors.*

Vieux raseur!

SCÈNE III.

POLICHINELLE, GUIGNOL, PIERROT.

GUIGNOL.

Je croyais qu'il ne s'en irait plus!...

POLICHINELLE.

Et maintenant rappelons-nous bien nos rôles. Il s'agit de s'emparer de la dot que le papa Marcuchet donne à sa fille, puis de filer au plus vite.

PIERROT.

Sitôt le mariage fait.

POLICHINELLE.

Ah ! non... Voilà justement le difficile. Je ne peux pas me marier, puisque je le suis déjà.

GUIGNOL.

C'est juste. Rosette ?

POLICHINELLE.

Qui ne se doute de rien... Car si elle soupçonnait la vérité, oh ! mes enfants, quel carnage !

PIERROT.

Mais qui t'empêche alors de te marier une seconde fois ?

POLICHINELLE.

Malheureux ! je serais bigame !

PIERROT.

Bigame !

GUIGNOL.

Et les bigames... Couic !

Il fait le geste d'être pendu.

POLICHINELLE.

On les pend sans plus de façon.

GUIGNOL.

Eux et leurs témoins.

PIERROT.

Allons-nous en !

POLICHINELLE.

Est-il poltron ! Puisque je ne me marierai pas

GUIGNOL.

Oui. — Il s'agit de trouver le moyen de te marier sans
te marier.

PIERROT.

Est-il savant, ce Guignol !

GUIGNOL.

Es-tu naïf !... J'ai été cinq ans garçon de salle dans
une école primaire. Matin et soir je balayais la classe.
C'est là où j'ai fait toute mon éducation.

POLICHINELLE.

Du bruit ! Voilà la famille Marcuchet. — Attention ! reprenons nos rôles.

GUIGNOL.

Et de la tenue, Pierrot !

Il lui donne un renfoncement.

SCÈNE IV.

MARCUCHET, MADAME MARCUCHET, LA MARIÉE, PIERROT, GUIGNOL et POLICHINELLE.

MARCUCHET.

Messieurs, voici ma femme et ma fille. (*Leur présentant les témoins.*) Et voici ces messieurs qui ont bien voulu nous servir de témoins. Monsieur Guignol et monsieur Pierrot.

GUIGNOL, *à Marcuchet.*

Dites donc, vous, le vieux, pourquoi votre femme s'est-elle mise un melon sur la tête ?

MARCUCHET.

Un melon, où ça?

GUIGNOL.

Mais là, vieille citrouille!

MARCUCHET.

Mais c'est son chapeau.

PIERROT.

Oh! là! là!

Il lui donne un renfoncement.

GUIGNOL, *frappant sur la tête de madame Marcuchet.*

Mettez-le donc droit, au moins si c'est un chapeau.

MADAME MARCUCHET, *appelant.*

Monsieur Marcuchet !

MARCUCHET.

Ne fais pas attention, bobonne, il paraît que c'est une manière, à eux, de faire des compliments.— (*A Polichinelle.*) Mon gendre, le bras à ma femme. Moi je prendrai le bras de ma fille.

POLICHINELLE, *s'avançant.*

Belle-maman!

Ils sortent.

MARCUCHET, *s'approchant de la mariée.*

Ma fille...

GUIGNOL.

Attends donc, un instant, Ferdinand!

Il lui donne un renfoncement.

PIERROT, *même jeu.*

Va mettre le couvert, Dagobert!

GUIGNOL.

Une, deux !

PIERROT.

Et trois ! (*Ils enlèvent la mariée.*) Enlevez!

Ils sortent.

MARCUCHET, *va pour les suivre.*

Ah! mon Dieu! mais ils emportent la mariée sur leurs épaules.. Mais ils sont fous! et...

Au moment où il va pour sortir, Rosette entre.

SCÈNE V.

MARCUCHET, ROSETTE, *avec un balai à la main,*

ROSETTE.

C'est-il ici monsieur Marcuchet?

MARCUCHET.

C'est moi, mais je n'y suis pas!

ROSETTE, *le retenant.*

Qu'est-ce qu'il dit?

MARCUCHET.

Je dis que je n'ai pas le temps de vous écouter, jo cours...

ROSETTE.

Veux-tu bien rester là, vieux déplumé!

MARCUCHET.

Mais...

ROSETTE.

Ah! tu sais, ne bouge pas ou je cogne!

MARCUCHET.

Qu'est-ce que c'est que ca ?

ROSETTE.

Ça ! c'est moi, Rosette, qui viens chercher mon mari. On m'a dit l'avoir vu entrer ici, chez vous, il me le faut. Rendez-le moi, ou je fais un malheur.

MARCUCHET.

Mais je ne l'ai pas, votre mari.

ROSETTE.

Tu ne l'as pas?

MARCUCHET.

Et non ! Qu'est-ce que vous voulez que j'en fasse?

ROSETTE.

Tu n'as pas vu mon Polichinelle?

MARCUCHET.

Polichinelle? Ah! mon Dieu!

ROSETTE.

Quoi?

MARCUCHET.

Mais c'est lui qui se marie avec ma fille.

ROSETTE.

Il se marie!

MARCUCHET.

A l'instant même... Il faut courir!

ROSETTE.

Ah!

Elle s'évanouit dans les bras de Marcuchet.

MARCUCHET.

Allons bon, celle-ci qui s'évanouit maintenant.... et les autres qui sont à la mairie! Madame! madame! Revenez à vous, je vous en prie. Si je lui frappais dans les mains?

Il lui cogne la tête contre le rebord du théâtre.

ROSETTE.

Ah! *(Elle se redresse.)* Et c'est toi qui me prends mon mari! *(Elle le roue de coups de balai.)* Attends! Tiens! Tiens!

MARCUCHET.

Mais je n'en veux pas de votre mari ! Reprenez-le. Au secours ! à la garde ! à l'assassin !

ROSETTE.

Et maintenant courons à la mairie.

MARCUCHET, *se frottant les épaules.*

C'est peut-être par là que nous aurions dû commencer!

RÔSETTE, *le menaçant de son balai.*

File devant ! Et ne te plains pas. Les autres n'auront rien perdu pour attendre.

Ils sortent.

ACTE II.

La mairie.

———

SCÈNE PREMIÈRE.

LE MAIRE, *seul.*

Ah! mais il me semble que la noce Marcuchel se fait bien attendre. Voilà près d'une heure que j'ai mis mon écharpe et ils n'arrivent pas. J'ai envie de m'en aller. (*Voyant entrer Guignol et Pierrot.*) Qui sont ces gens-là?

SCÈNE II.

GUIGNOL, PIERROT, LE MAIRE.

GUIGNOL, *à Pierrot, bas.*

Tu vas voir, mon moyen. C'est l'affaire de deux minutes. (*Haut.*) Monsieur le maire, s'il vous plait?

LE MAIRE.

C'est moi.

GUIGNOL, *saluant.*

Il n'y a pas de sot métier.

PIERROT.

Et d'ailleurs cela se voit tout de suite.

LE MAIRE.

Vous trouvez!

PIERROT.

Vous en avez l'air du moins.

LE MAIRE.

C'est de naissance.

GUIGNOL, *à part.*

Attends, je vais t'en donner de la naissance. (*Haut.*)
Vous êtes tout seul, à cette heure, dans la mairie?...

LE MAIRE.

Oui. (*A part.*) La drôle de question!

PIERROT, *bas.*

Pourquoi lui demandes-tu tout cela?

GUIGNOL, *id.*

Tu vas voir. (*Haut.*) Et vous n'attendez personne?

LE MAIRE.

Si, une noce.

GUIGNOL.

La noce Marcuchet?

LE MAIRE.

Oui. Mais pourquoi toutes ces questions?

GUIGNOL, *lui montrant une porte à gauche.*

Tu vas le savoir, mon fils. Pierrot, ouvre ce cabinet.

PIERROT.

Voilà.

GUIGNOL.

N'a-t-il pas d'autre issue que cette porte

PIERROT.

Non.

GUIGNOL.

Bien. Alors, tu vas empoigner délicatement monsieur et tu vas l'enfermer là-dedans, où il nous donnera sa parole de rester tranquille jusqu'à ce qu'on vienne le délivrer.

LE MAIRE.

Mais ils sont fous!...

GUIGNOL.

Pierrot, enlevez monsieur.

LE MAIRE.

Mais !...

GUIGNOL.

A moins qu'il ne veuille y entrer de sa propre volonté convaincu par les arguments...

Il prend son bâton.

LE MAIRE, *à part.*

Si je pouvais m'échapper.

GUIGNOL.

Que voici. (*Il frappe.*) Arguments « *ad hominem* » et de première qualité.

LE MAIRE.

Au secours ! à moi!

GUIGNOL.

Redoublons nos arguments ! Et a:e donc ! un ! deux ! trois ! Autant que tu en voudras! Pierrot, emmenez monsieur. Il est convaincu.

LE MAIRE.

Je suis moulu.

GUIGNOL.

C'est la même chose. Rentrez là, tranquillement.

LE MAIRE.

Ah ! sacripants ! (*A part.*) Et j'ai renvoyé tous les gendarmes.

GUIGNOL.

Allons... vite... j'entends la noce.

LE MAIRE.

Bandits !

PIERROT, *le poussant à coups de tête.*

Rentre donc !

GUIGNOL.

Tes injures ne nous touchent pas.

PIERROT.

Ça y est ! (*Il ferme la porte.*) Bouclé... Et maintenant m'ex-
pliqueras-tu ?...

GUIGNOL.

Rien de plus simple... Je prends la place du maire...
je mets son écharpe... je marie Polichinelle... Il touche la
dot, et nous filons tous les trois, sans courir aucun ris-
que. Le mariage sera nul... puisque ce n'est pas le maire
qui l'aura célébré. Donc rien à craindre. Papa Marouchet
criera ; mais nous aurons gagné la sacoche et évité la
pendaison.

PIERROT, *s'inclinant.*

Guignol ! Vous êtes grand comme le monde !

GUIGNOL.

Monsieur Pierrot, vous n'êtes qu'un vil flatteur ! On
vient... je vais mettre mon écharpe.

Il sort.

PIERROT.

Pourvu qu'on ne s'aperçoive de rien avant le déjeuner.

SCÈNE III.

PIERROT, POLICHINELLE, MADAME MARCU-
CHET, LE MAIRE, *puis* GUIGNOL.

POLICHINELLE, *entrant.*

Eh bien ! sommes-nous prêts ?

LA MARIÉE.

Mais, papa...

POLICHINELLE.

Il nous suit !

MADAME MARCUCHET.

Monsieur Marcuchet est toujours en retard.

PIERROT, *annonçant.*

Monsieur le maire.

MADAME MARCUCHET.

Tiens-toi droite, ma fille.

LE MAIRE.

Oui, maman !

Guignol paraît.

POLICHINELLE, *à part à Pierrot.*

Mais c'est Guignol ?

PIERROT, *bas.*

Oui, c'est le moyen dont il nous avait parlé.

POLICHINELLE, *id.*

Bravo! je comprends. (*Saluant.*) Monsieur le maire....

TOUS, *saluant.*

Monsieur le maire...

GUIGNOL.

Bonjour! Bonjour!.. petites gens!.. Vous venez pour vous marier... Dépêchons-nous, car on m'attend pour présider un concours d'animaux gras... Et j'adore le boudin.

MADAME MARCUCHET, *le reconnaissant.*

Ah! mon Dieu!

POLICHINELLE.

Quoi!

GUIGNOL.

Quoi!

MADAME MARCUCHET.

Mais ce n'est pas le maire.

GUIGNOL.

Cette femme est folle!

MADAME MARCUCHET.

C'est monsieur Guignol, votre premier témoin.

11

GUIGNOL.

Guignol. Qui ça? Où çà?

POLICHINELLE.

Vous avez la berlue.

PIERROT.

Tu es toquée, vieille limande !

GUIGNOL, *gravement.*

Laissez ! Laissez!.. Madame est victime d'une ressem-
blance. Il y a comme cela, de par le monde, des êtres
qu'on prendrait facilement les uns pour les autres, si
l'habitude ne vous les faisait reconnaître. Ainsi madame
pourrait être facilement prise pour une morue.

PIERROT.

Dessalée?

GUIGNOL.

Dessalée!.. comme dit monsieur, mais en la regardant
plus attentivement on s'aperçoit qu'elle a quelques rares
points de dissemblance.

PIERROT.

S'exprime-t-il bien cet animal-là !

GUIGNOL.

Du reste, un mot va la convaincre... Quelle est la chose
qui constitue un maire?

POLICHINELLE.

Oui !

PIERROT.

Oui !

GUIGNOL.

C'est l'écharpe ! Ai-je l'écharpe?

PIERROT.

A-t-il l'écharpe?

POLICHINELLE.

Il a l'écharpe.

GUIGNOL.

Donc je suis le maire, le seul, le vrai, garanti contre toutes les contrefaçons. Donc, dépêchons !

MADAME MARCUCHET, à *Polichinelle.*

Etes-vous convaincu?

POLICHINELLE.

Puisqu'il a l'écharpe !

MADAME MARCUCHET.

C'est égal !...

GUIGNOL.

Y sommes-nous?

MADAME MARCUCHET.

Mais mon mari n'est pas encore là.

GUIGNOL.

Votre mari n'est ici d'aucune nécessité.

MADAME MARGUCHET.

Cependant...

GUIGNOL.

Ah ! dites donc, quand vous aurez fini de discuter avec
l'autorité, il faudra me le dire !

PIERROT, *criant à l'oreille de madame Marguchet.*

Silence !

GUIGNOL.

Je commence. (*A part.*) Par où vais-je bien commencer
Ah ! j'y suis. Ne nous trompons point : la loi ..., (*Haut.*) je
vais vous lire la loi.

PIERROT, *Id.*

Dépêche-toi donc !

GUIGNOL, *id.*

Sauvons les apparences ! (*Haut.*) Article 1er. Quand votre
belle-mère vous ennuiera, cognez dessus. — Article 2.

MADAME MARGUCHET.

Quelle est cette loi ?

GUIGNOL, *avec aplomb.*

La nouvelle ! (*Continuant.*) Article 2. il n'y en a pas...
— Article 3... Comme l'article 2. — Maintenant approchez-vous ? — Une — deux — trois — Epoux — Epousum,

Secula, seculorum. Tout le reste en um. C'est fini...
allez-vous en.... — Bonsoir. — Ouf!

MADAME MARCUCHET.

Et mon mari qui n'arrive pas!

POLICHINELLE.

Allons à sa rencontre... (On entend la voix de monsieur Marcuchet crier :) Arrêtez-les! Arrêtez-les!

GUIGNOL.

Le papa!

POLICHINELLE, regardant.

Et Rosette!

PIERROT.

Nous sommes flambés ! — Sauve qui peut!

MADAME MARCUCHET, les regardant.

Mais où allez-vous donc ?

GUIGNOL.

A l'isthme de Panama... — Voir les travaux! Venez-
vous ?

MADAME MARCUCHET.

Mais.....

GUIGNOL.

Enlevez belle maman! (Ils entraînent madame Marcuchet qui
crie :) Au secours!

LA MARIÉE, appelant.

Maman ! maman !

PIERROT, *lui donnant un coup de bâton.*

Veux-tu bien ne pas crier comme ça !

SCÈNE IV.

LA MARIÉE, MONSIEUR MARCUCHET, ROSETTE.

ROSETTE.

Où sont-ils ?

LA MARIÉE, *courant à monsieur Marcuchet.*

Ah ! Papa !

MONSIEUR MARCUCHET.

Un mot — un seul ! Es-tu mariée ?

LA MARIÉE.

Oui !

MONSIEUR MARCUCHET.

Trop tard !

ROSETTE.

Où est le maire ?

LE MAIRE, *frappant à la porte du cabinet où on l'a enfermé.*

Je suis là ! Ouvrez !

ROSETTE.

Qui êtes-vous ?

LE MAIRE.

Le maire!

ROSETTE.

Ah! tu es là! Attends. (A M. *Marcuchet.*) Prenez-moi ce
bâton.

MONSIEUR MARCUCHET.

Est-il solide?

ROSETTE.

Je le crois. (*Elle va ouvrir.*) Attention ! (*Au maire.*) Donnez-
vous donc la peine de sortir.

LE MAIRE.

Trop aimable, chère madame. — Ouf! je commençais
à étouffer là-dedans.

ROSETTE, *commandant.*

Une, deux !

MONSIEUR MARCUCHET.

Feu partout!

Ils rossent le maire.

LE MAIRE.

Au secours! à la garde! à l'assassin!

ROSETTE.

Brigand! voleur! chenapan!

MONSIEUR MARCUCHET.

Mais réponds donc, si tu l'oses!

LE MAIRE.

Au secours!

Il tombe sur le devant en criant.

MONSIEUR MARCUCHET.

Et maintenant expliquons-nous. Pourquoi les as-tu mariés?

ROSETTE.

Où est Polichinelle?

MONSIEUR MARCUCHET.

Où est madame Marcuchet?

LE MAIRE.

Mais je ne sais pas, je ne connais pas ces gens-là.

ROSETTE.

Comment?

MONSIEUR MARCUCHET.

Que nous chante-t-il là?

LE MAIRE.

Je ne chante pas, et même, je vous prie de croire que je n'en ai nulle envie, au contraire; je dis seulement que je ne comprends rien à toutes vos questions.

MONSIEUR MARCUCHET.

Tu ne viens pas de marier ma fille?

ROSETTE.

Avec mon mari?

LE MAIRE.

Mais je n'ai marié personne, on m'avait enfermé là-dedans.

MONSIEUR MARCUCHET.

Ah! bah! (A *sa fille.*) Ce n'est donc pas monsieur qui vous a mariés?

LA MARIÉE.

Non!

MONSIEUR MARCUCHET, *au maire.*

Mille excuses alors. Nos coups de bâton se sont trompés d'adresse!

LE MAIRE, *se frottant le dos.*

Si vous pouviez me les reprendre.

ROSETTE.

Mais tout cela ne nous dit pas où se sont enfuis les autres.

MONSIEUR MARCUCHET.

Ni qui les a mariés.

GUIGNOL, *passant sa tête par une fenêtre, dans le fond.*

C'est moi.

ROSETTE.

Guignol!

MONSIEUR MARCUCHET.

Le témoin!

LE MAIRE.

Mon voleur!

GUIGNOL.

Pardon! Pas de gros mots,... et écoutez ma proposition. Nous vous avons enfermés ; nous tenons madame Marcuchet en notre pouvoir ; nous vous proposons la paix !

ROSETTE.

Mon mari!

GUIGNOL.

Il est là! Il n'attend que votre pardon!

ROSETTE.

Mais ce mariage...

GUIGNOL.

Une simple plaisanterie. Histoire de rire une heure ou deux!

ROSETTE.

Je pardonne.

MONSIEUR MARCUCHET.

Mais...

GUIGNOL.

Si vous n'acceptez pas, nous vous laissons mourir de jaim; et nous emportons au bout du monde madame Marcuchet.

MONSIEUR MARCUCHET.

Ma femme, ce me serait égal ! Mais mourir de faim...
Non, je pardonne aussi !

GUIGNOL.

Et monsieur le maire !

LE MAIRE, *solennellement.*

La clémence est la vertu des grands !

GUIGNOL.

Ra-ta-plan ! la paix est faite, j'ouvre.

Il disparaît de la fenêtre.

SCÈNE V.

TOUS LES PERSONNAGES.

ROSETTE, *embrassant son mari.*

Polichinelle !

POLICHINELLE.

Ma chère petite Rosette !

MADAME MARCUCHET, *même jeu.*

Monsieur Marcuchet !

MONSIEUR MARCUCHET.

Tout est arrangé.

GUIGNOL, *lui serrant la main.*

Je ne vous en veux plus.

MONSIEUR MARCUCHET.

Vous êtes bien bon ! Et maintenant pour fêter cet heureux dénouement, je vous invite tous à venir, chez moi, prendre part au repas que j'avais préparé. Monsieur le maire nous fera l'honneur d'y assister.

LE MAIRE

J'accepte : les coups de bâton m'ont creusé.

MONSIEUR MARCUCHET.

Allons nous mettre à table !

GUIGNOL.

Bravo ! Si jamais j'écris une pièce de théâtre, je finirai comme cela. C'est le dénouement le plus intéressant et le plus vrai. Au rideau !

(*Au public.*) Ainsi finit la comédie !

Rideau.

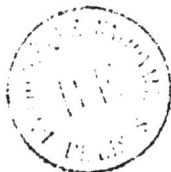

TABLE

———

IMPRIMERIE GÉNÉRALE DE CHATILLON-SUR-SE SE. — P.CHAT ET PEPIS.

www.ingramcontent.com/pod-product-compliance
Lightning Source LLC
Chambersburg PA
CBHW070414090426
42733CB00009B/1659